Lecker essen à la Goethe

Rüdiger Schneider

Lecker essen à la Goethe

Bibliografische Information der Deutschen Nationalbibliothek: Die Deutsche Nationalbibliothek verzeichnet diese Publikation in der Deutschen Nationalbibliografie; detaillierte bibliografische Daten sind im Internet über http://dnb.d-nb.de abrufbar.

Coverfoto: nach dem Gemälde von Johann Wilhelm Tischbein ‚Goethe in der Campagna', 1787 (aus Wikipedia, gemeinfrei)

Herstellung und Verlag: BoD- Books on Demand, Norderstedt

ISBN: 978-3-7534-7948-4

Hinweis zur Heilwirkung der Kräuter - Haftungsausschluss

Gelegentlich wird bei den Kräutern auf deren Heilwirkung hingewiesen. Dies dient nur Ihrer Information und ersetzt nicht den Arztbesuch. Es ersetzt auch nicht die eigene Umsicht. Zu diesem Hinweis bin ich angehalten, da selbst in Wanderbüchern darauf aufmerksam gemacht wird, dass der Autor nicht dafür verantwortlich gemacht werden kann, wenn jemand über Stock und Stein stolpert. Wenn also jemand glaubt, einen Arztbesuch durch dreimal täglich ein Omelett mit dem ‚Kraut der Unsterblichkeit' ersetzen zu können, so hafte ich nicht dafür.

Inhalt

Vorwort

Basilikum, Schnittlauch, Petersilie! Das gängige, beschränkte Angebot der Supermärkte, was die frischen Pflanzen betrifft. „Langweilig!" denke ich. „Die Welt der Kräuter muss doch bunter, vielfältiger sein, ja, auch abenteuerlicher, was die Aromen betrifft, die feinen Nuancen im Geschmack." Nichts gegen Basilikum, Schnittlauch und Petersilie. Sie gehören natürlich mit dazu. Aber nur das? Nur die? Nein! Und außerdem: Sind viele Kräuter nicht auch Heilkräuter? Das wusste schon Hildegard von Bingen. Also zwei Fliegen mit einer Klappe schlagen. Kräuter machen einfach Spaß! Sie sind nicht nur für die Küche eine Bereicherung oder für die Hausapotheke, sondern erfreuen oft auch mit ihrem Blütenzauber.

Aber wen nehme ich als Führer in das für mich neue Land? Meine Wahl fällt auf Goethe. Goethe? Der Dichter? Ja, genau der. Denn der hat nicht nur gedichtet, sondern war auch ein großartiger Botaniker. Und weitläufige Gärten mit Kräutern und Gemüsen hat er in Weimar auch gehabt. Sogar eine Pflanze ist nach ihm benannt. Die ‚Goethepflanze', das sukkulente ‚Bryophyllum calycinum', das er 1817 untersuchte und tiefsinnige Aufsätze darüber verfasste.

Goethe war ein Gourmet. Nicht nur an der herzoglichen Tafel in Weimar, sondern vor allem auch zu Hause. Seine Großmutter hat ein Kochbuch hinterlassen, seine Frankfurter Tante ebenso. Seine Frau Christiane besaß ein zeitgemäßes. Das der Johanna Katharina Morgenstern: ‚Unterricht für ein junges Frauenzimmer, das Küche und Haushaltung selbst besorgen will, aus eigener Erfahrung erteilt von einer Hausmutter'. Und dann gibt es die Briefwechsel zwischen Goethe und seiner Frau Christiane. So wie wir heute fleißig SMS tippen, so hat Goethe früher Tausende langer Briefe geschrieben. Oft genug ist da von leckeren Mahlzeiten die Rede. Man kann also bestens Bescheid wissen. Man darf auch ruhig davon ausgehen, dass exotische Gewürze und Kräuter zur Verfügung standen. Die besorgte sich Christiane beim Weimarer Delikatessenhändler Stephano Salice.

Wer gut isst, kennt sich natürlich auch mit dem Wein aus. Aber dafür muss ein eigenes Kapitel her. Um den Gesundheitsaposteln hier schon den Wind aus den Segeln zu nehmen, sei verraten, dass er bis zu drei Flaschen am Tag köpfte und darüber oder auch deshalb 82 Jahre wurde. Faszinierend war auch, wie getafelt wurde. Da man noch nicht den digitalen Medien verfallen war, hatte man selbst für die Unterhaltung zu sorgen. Bei Tisch wurde gesungen, diskutiert, rezitiert, es gab improvisierte Sketche und allerlei Zeitvertreib mehr.

Auch für seine Italienreise muss ein eigenes Kapitel her. Denn die hat auch die Rezepte beeinflusst.

Anders als früher in der Schule hatte ich dieses Mal viel Spaß mit Goethe, habe mit Hilfe einer Freundin einige Gerichte, die er liebte, nachgekocht, manchmal auch variiert und auch Neues hinzugezaubert. Mein Motto war dabei: „Das Herz der Küche sind die Kräuter." So ist dieses Kochbüchlein entstanden, mit dem ich den Lesern und Leserinnen viel Freude und angenehme Stunden wünschen.

Mein Abenteuer beginnt in Weimar. Da fahre ich zuerst hin, um alles an Ort und Stelle zu besichtigen.

Auf den Spuren von Goethe kam noch eine weitere Entdeckung hinzu: die Stadt Andernach, am Mittelrhein gelegen, nördlich von Koblenz. Andernach ist eine der ältesten Städte Deutschlands. 1988 feierte sie ihr 2000-jähriges Bestehen. Auch in Andernach ist Goethe gewesen, mindestens zweimal. Er ist auf einer Fahrt mit dem Boot von Koblenz nach Köln, notiert in seinem Tagebuch am 25.7.1815: „Im Nachen hinabwärts. Angelegt bei Andernach...". Auf der Rückfahrt am 27.7.1815 notiert er in seinem Reisebericht: »Mittag zu Andernach." - Der Ort muss ihm gefallen haben. In einem Brief an den Kölner Sulpiz Boisserée warnt er eine Woche nach seinem Besuch davor, Kunstschätze in einer einzigen Metropole zu versammeln: „Wozu alles in München? Lasst Köln, Bonn, ja Andernach etwas haben!" (2.8.1815)

Dieses „ja Andernach" ist eine knappe Bemerkung, die aber vor dem historischen Hintergrund eine besondere Bedeutung bekommt. Es ist die Zeit der Romantik, in der man sich auf die Schönheit alter Städte besinnt und deren Kulturgüter zu bewahren sucht. Da sind es nicht nur Köln und Bonn, sondern eben auch Andernach, das Goethe anlässlich seiner Reise hervorhebt.

Käme er noch einmal in den Ort, würde er sich wundern, dass man hier und nur hier mitten in der Stadt die Mispel findet, die Quitte und Topinambur, also all die mittlerweile in Vergessenheit geratenen Gewächse, die er damals in seinen eigenen Weimarer Gärten hatte und wie er sie auch von den Frankfurter Gärten seiner Eltern her kannte. Er wäre begeistert von diesem Konzept, das als „essbare Stadt" bezeichnet wird. Denn in Andernach finden sich Kräutergärten mitten im Ort. Die Bürgerinnen und Bürger dürfen Obst und Beeren pflücken, Gemüse ernten, können Kräuter kennen lernen und probieren. Ein Paradies für Kräuterliebhaber! Keine langweiligen Parkanlagen mit abgezirkelten Rabatten. Sogar freilaufende Hühner gibt es, die ein solches Prädikat wirklich verdienen und im Schutz einer mittelalterlichen Stadtburg ein liebevoll gestaltetes ‚Häuschen' bewohnen dürfen.

Zum Sammeln von Kräutern in der freien Natur will in dieser Ausgabe keine Anleitungen geben. Nach meiner Erfahrung ist es besser, nicht nur mit einem bebilderten Kräuterlexikon durch den Wald zu wandern, sondern kundige Führer zur Seite zu haben, die einem die spezifischen Merkmale zeigen und erklären.

Bei den Rezeptvorschlägen kommt z.B. auch die Neunkräutersuppe vor, die gegen Frühjahrsmüdigkeit hilft und von der nicht nur Goethe, sondern auch Hildegard von Bingen, die stets die „Grünkraft Gottes" lobte, angetan wären. Auch will ich die Mispel wieder in Erinnerung bringen, die in den Gärten von Goethes Eltern wuchs. Und natürlich ist auch die Esskastanie dabei, von der sich Goethe jedes Jahr eine Kiste schicken ließ. Ich wünsche den Leserinnen und Lesern viel Freude und natürlich kulinarischen Genuss.

Andernach- „essbare Stadt"

Andernach – freilaufende Hühner

Weimar

Mein letzter Besuch war noch zu DDR-Zeiten, im Winter. Der Dunst der Braunkohlebefeuerung lag über der Stadt, russische Soldaten begegneten einem mit ernsten Mienen, überhaupt wirkte alles Grau in Grau. Jetzt ist es anders, kaum wiederzuerkennen. Ein schmuckes Städtchen! Mit einem Heer von Touristen. Und überall Goethe und die anderen Geistesgrößen, die der Herzog Carl August damals nach Weimar geholt hatte. Auf dem Theaterplatz das bronzene Doppelstandbild, Goethe und Schiller als klassische Dichter, beide gleichgroß dargestellt, obgleich Schiller mit 1.90 Meter Goethe um Kopflänge überragte. Ernst und würdig blicken sie drein. Mit der sogenannten Klassik hatte man uns in der Schule gelangweilt. Besser und vor allem lebendiger lernt man sie kennen über die Biographie, die sie hingelegt haben. Aber dieses Mal interessiere ich mich vor allem für Goethes „liebe Gärtgen", für seinen Garten am Frauenplan und den an der Ilm. Beide kann man besuchen. Beide sind von der Denkmalpflege Instand gehalten. Als Kräuterlehrling wartet auf mich jedoch eine Enttäuschung. Die Gärten zeigen sich farbenfroh, aber nicht durch blühende Kräuter, sondern durch Blumen. Rosen, Sonnenhut, Zinnien, Dahlien, die Pfeifenwinde. Was nur

18

mag der Dichterfürst bzw. Christiane in den Beeten alles angebaut haben?

In einem Buchladen am Frauenplan entdecke ich das Buch ‚Goethes Gärten in Weimar'. Da findet sich wenigstens etwas vom Bestand der Goethe-Zeit. An Obst unter anderem auch Quitten, Orangen in Kübeln, Wein, Feigen und die Zwergmandel. Bei den Gemüsen sind es z.B. Artischocke, Spargel, Fenchel, Mangold und, noch nie gehört, Rapontica. Selbstverständlich wird es auch Beete gegeben haben, in denen nicht nur Petersilie wuchs, sondern etwa auch Kresse, Bärlauch, Liebstöckel, Rauke, Portulak, Sauerampfer, Gundermann, Kerbel und vieles, vieles mehr. Und bestimmt gab es auch Topinambur, die Indianerkartoffel, die zur Goethezeit eine Delikatesse war.

Die Weimarer Souvenirläden lasse ich links liegen. Dafür aber nehme ich vom Weimarer Markt als erstes ‚exotisches' Kraut eine Pimpinelle mit, deren feingliedrige Blätter mit ihrem leicht nussartigen Geschmack Salate und Suppen verfeinern werden. Eine Heilwirkung sollen sie auch haben. Sie gelten mit ihren Gerbstoffen als blutreinigend und verdauungsfördernd und sollen dazu noch das Herz stärken.

Garten am Frauenplan

Gartenhaus an der Ilm

Markt in Weimar

Markt in Wetzlar

Aussicht über das Lahntal

Auf der Rückfahrt von Weimar liegt Wetzlar am Weg. Neben der Italienreise ist die Stadt an der Lahn ein weiterer Wendepunkt in Goethes Leben.

Hier eigentlich begann alles. Es ist das Fanal zu seiner Karriere, seiner Berühmtheit als Dichter. Er soll ein juristisches Praktikum am Reichskammergericht absolvieren. Aber die trockene Juristerei interessiert ihn wenig. Er verliebt sich lieber in Charlotte Buff. Die aber ist schon verlobt, vergeben. Unglücklich verliebt reißt er sich los und wandert die Lahn entlang zum Rhein. Da ist er gerade mal 23. An der Lahn entstehen später Aussichtspunkte, die nach ihm benannt sind. Seinen Liebeskummer schreibt er sich in ein paar Wochen von der Seele. ,Die Leiden des jungen Werthers'. Es wird ein europäischer Bestseller, der ihn berühmt macht und ihm sogar eine Audienz bei Napoleon verschafft. Ein Wertherfieber entsteht. Man kleidet sich wie der Held des Briefromans: blauer Frack mit Messingknöpfen, gelbe Weste, Lederhose, Stulpenstiefel. Goethe hat die Stimmung der Zeit getroffen. Überaus empfindsame Seelen geben sich wie Werther auch die Kugel oder ertränken sich. Anders als seinem Helden gibt sich Goethe aber nicht die Kugel. Der Herzog von Weimar wird auf ihn aufmerksam und holt ihn in das bis dahin eher unbedeutsame, wirtschaftlich zerrüttete Herzogtum.

Am Domplatz in Wetzlar kommt aus der Pfaffengasse Charlotte Buff entgegen. Es ist eine Schauspielerin, gekleidet nach der damaligen Mode. Langes bauschiges Kleid bis zu den Füßen, ein sittsames Häubchen auf dem langen Haar. Sie macht Werbung für das Wetzlarer Lottehaus, das zugleich auch Museum ist. Aber ich interessiere mich mehr für den Gemüsemarkt auf dem Domplatz und lade zu der Weimarer Pimpinelle Wetzlarer Petersilienwurzeln in den Wagen.

Einen Eindruck von der Lahnromantik, so wie es damals ausgesehen hat, bekommt man vor allem in dem kleinen, noch mittelalterlich wirkenden Ort Dausenau, der nur ein paar Kilometer nördlich von Nassau liegt. Auch in Dausenau gibt es wie in Lahnstein ein ‚Wirtshaus an der Lahn'. In beide ist Goethe eingekehrt (siehe Kapitel ‚Dicke Bohnen mit Speck', S. 109ff). Sicher hat er unterwegs den berühmten Döppekuchen, in der Lahngegend auch ‚Dibbedotz' genannt, probiert. Der Dibbedotz besteht aus Kartoffeln, Zwiebeln, Eiern und Speckstreifen. Zwei Stunden wird er im Ofen gebacken, bis er sich mit einer goldbraunen Kruste überzogen hat. Gereicht wurde er mit Apfelmus.

Blick auf Dausenau und ‚Wirtshaus an der Lahn‘

‚Wirtshaus an der Lahn‘ (Lahnstein)

Schon lange habe ich nicht mehr das Bild vom klassischen Dichterfürsten, Minister und Staatsmann, der auf einem hehren Sockel steht. Für mich ist er jetzt vor allem auch ein Vorbild als Gourmet. Der Dichter Franz Grillparzer, der in Weimar bei Goethe zu Gast war und über ihn mitteilte: „Goethe war einer, der mitunter etwas Schlechtes schrieb, aber nie etwas Schlechtes aß."

„Wo die Gold-Orangen glühn" - Italien

Was das Kulinarische betrifft: Goethe liebt die südländische Lebensart. So berichtet er bei seiner Reise durch Italien zum Beispiel über den Markttag in Verona: „Gemüse und Früchte unübersehlich, Knoblauch und Zwiebeln nach Herzenslust. Übrigens schreien, schäkern und singen sie den ganzen Tag, werfen und balgen sich, jauchzen und lachen unaufhörlich. Die milde Luft, die wohlfeile Nahrung lässt sie leicht leben. Alles, was nur kann, ist unter freiem Himmel." Aus Rom schreibt er: „Ich lebe nun hier mit einer Klarheit und Ruhe, von der ich lange kein Gefühl hatte."

In Neapel preist er die ‚Schmausfeste', ist beeindruckt von den vollen Körben mit Krebsen, Austern, Muscheln, den so zahlreichen mit grünen Blättern unterlegten Fischen. Rosinen, Melonen, Feigen „erfreuen das Auge auf das allerangenehmste." Er beschreibt, wie die Esswaren in Girlanden an den Straßen hängen: „Große Paternoster von vergoldeten, mit roten Bändern geschnürten Würsten; welsche Hähne, welche alle eine rote Fahne unter dem Bürzel stecken haben." Er lobt die Makkaroni: „ein zarter, stark durchgearbeiteter, gekochter, in gewisse Gestalten gepresster Teig von feinem Mehle."

Insbesondere auf Sizilien wird er kulinarisch verwöhnt, lernt die frischesten und köstlichsten Meeresfrüchte kennen. Insgesamt reichen seine italienischen Tafelfreuden vom einfachsten Picknick in der Campagna bis hin zu den Einladungen bei Konsuln, Prinzessinnen und oft auch bei der Malerin Angelica Kaufmann. Dazwischen immer wieder der Schmaus in den Gasthäusern. Der italienische Literaturprofessor Roberto Zapperi hat Goethes Wirtshausrechnungen aufgespürt und vermittelt uns, was Goethe in Italien auf kulinarischem Gebiet alles kennen gelernt hat. Manche Anregungen hat er mit nach Weimar genommen und die thüringische Küche damit bereichert. Neben den Makkaroni gehört selbstverständlich auch der Reis dazu, den er sich schicken ließ. So ist es also nicht verwunderlich, wenn auch italienische Einflüsse die Weimarer Tafel mitprägten.

Eine Pizza, die heutigen Vorstellungen entspricht, beschreibt er allerdings nicht und wird sie auch kaum kennen gelernt haben. Denn die soll erst 1889, also gut hundert Jahre nach seiner Reise, in Neapel erfunden worden sein, als König Umberto I. seiner Frau Margherita eine Pizza in den Nationalfarben servieren ließ, also mit grünem Basilikum, weißer Mozzarella und roten Tomaten. Käme man auf die Idee, eine Pizza à la Goethe zu kreieren, würde man sie am ehesten mit Sardellen, Kapern und Artischocken belegen.

„Des Weinstocks herrliche Gaben"

Was der Geheime Rat täglich trank, würde im Zeitalter der Gesundheitsapostel große Sorge hervorrufen. Schon beim Frühstück begann er mit einem Gläschen Madeira und erfreute sich auch im Laufe des Tages

28

weiterhin am Rebensaft. Wer glaubt, dass er sich bei seinen Kuren in Karls- und Marienbad nur an Mineralwasser hielt, täuscht sich. So lässt er sich etwa während seiner dreißigtägigen Kur in Karlsbad ein 68-Liter-Fässchen Frankenwein schicken und moniert voller Sorge bei den Grenzzollämtern in Asch und in Mühlbach, dass der Wein nach einer Woche immer noch nicht angekommen sei.

Man kann sich nun den Tageskonsum ausrechnen, hat aber zu bedenken, dass Goethe stets auch Gäste einlud.

Stirnrunzeln löste das Weintrinken bei seiner Schwiegertochter Ottilie aus. Goethe beaufsichtigte nämlich das Anfertigen der Hausaufgaben bei seinen beiden kleinen Enkelkindern und wenn ihnen die geistige Arbeit zu verdrießlich wurde, ließ er sie aus seinem Weinglas trinken. Dann wurden sie wieder fröhlich. Heutzutage würde das Jugendamt einschreiten, aber damals besaß man noch mehr Humor und Lebensart. Offensichtlich gehörte es zum guten Ton, die Kleinen mittrinken zu lassen, damit sie sich den kommenden Lebensaufgaben besser stellen konnten. So berichtet Goethe etwa anlässlich des Rochusfestes zu Bingen:

„Muntere Kinder tranken Wein wie die Alten. Braune Krüglein, mit weißem Namenszug des Heiligen [Rochus], rundeten im Familien-kreise. Auch wir hatten dergleichen angeschafft und setzten sie wohlgefüllt vor uns nieder." Und ein paar Abschnitte weiter heißt es: „Hübsche Frauen gestehen, dass ihre Kinder mit der Mutterbrust zugleich Wein genießen."

Manche Biographen bezichtigen Goethe der Sauferei. Andere Zeiten, andere Sitten. Schon Karl der Große verachtete Männer, die Wasser tranken. Hildegard von Bingen extrahierte ihre Kräuter in der Regel mit Wein. Und wer heutzutage auf dem rechtsrheinischen Burgenlehrpfad Braubach spazieren geht, mag auf dem Weg zur Philippsburg über eine Infotafel erstaunt sein. Da liest man nämlich, dass der nachweisbare Weinkonsum im 13. Jahrhundert pro Tag und Person bei bis zu 2,5 Litern lag.

Goethes Lieblingswein war der Würzburger, ein trockener weißer Frankenwein. Aber auch was aus Rheinhessen, insbesondere von den Brentanos, stammte, mundete. Und da er, wie man es heute nennen würde, über ein Netzwerk verfügte, kamen auch französische und italienische Tropfen zum Zuge. Die Auswahl zu den Mahlzeiten ist also groß. Was den Wein betrifft, hielt Goethe sich streng an einen Aphorismus des griechischen Dichters Euripides: „Wo aber der Wein fehlt, stirbt der Reiz des Lebens."

Spargel statt Blumen

Besuchte Goethe eine der Damen, die er verehrte, so überreichte er nicht ein Blumensträußchen, sondern einen Bund selbst gezogenen, frisch gestochenen Spargel und lud sich auch gleich selbst zum Essen mit ein.

Man sagt dem Spargel, den er so sehr liebte, eine aphrodisierende Wirkung nach. Die alten Römer glaubten daran, die Spanier tun es heute noch und sind vor allem hinter wild wachsendem her. Und die Niederländer denken, dass sie ohne den Spargel nicht zu einer so berühmten Seefahrernation geworden wären. Ob an diesem Aphrodisiakum wirklich etwas dran ist oder ob nicht die Form der Phantasie Flügel verleiht, sei dahingestellt. Gewiss ist, dass auch die Atmosphäre, in der Goethe bei seinen Damenbesuchen zu speisen pflegte, mit dazu beitrug. Die dichterische Phantasie und Produktion haben die Damen auf jeden Fall beflügelt, wie wir es anlässlich von Christiane, Lili, Marianne, Käthchen, Friederike, den beiden Charlotten, Sylvie und Ulrike, der er als 74-Jähriger (sie war 19) einen Heiratsantrag machte, wissen. So hat also der Spargel bei den Gemüsen eine besondere Bedeutung. Gesund ist er auf jeden Fall, enthält er doch viele Mineralstoffe sowie Zink, Folsäure und eben auch die Aminosäure Asparagin, die der Lust förderlich sein soll.

Goethe als Botaniker

Goethepflanze (Brutblatt)

Dass Goethe sich mit Kräutern, Pilzen und überhaupt allen Pflanzen bestens auskannte, ist eher wenigen bekannt und er beklagt sich auch schon zu Lebzeiten selbst darüber. So schreibt er zur Geschichte seiner botanischen Studien: „Seit länger als einem halben Jahrhundert kennt man mich, im Vaterlande und auch wohl auswärts, als Dichter und lässt mich allenfalls für einen solchen gelten; dass ich aber mit großer Aufmerksamkeit mich um die Natur… emsig bemüht und ernstlich angestellte Betrachtungen stetig und leidenschaftlich im Stillen verfolgt, dieses ist nicht so allgemein bekannt, noch weniger mit Aufmerksamkeit bedacht worden."

Ein interessantes Beispiel hierfür ist das nach ihm als ‚Goethepflanze' benannte Brutblatt, das heute als Energeticum in der anthroposophischen Medizin eingesetzt wird. Es zeichnet sich durch hohe Regenerationsfähigkeit und Vitalität aus und wird deswegen auch in der traditionellen Medizin Afrikas, Chinas und Indiens verwendet und überhaupt in vielen Kulturen als Heilpflanze angesehen.

Die Pflanze soll das Immunsystem stärken, gegen bakterielle, virale und pilzliche Infektionen wirken. Weiter gegen Entzündungen und Schmerzen, soll den Cholesterinspiegel und allergische Reaktionen senken, soll helfen gegen Nierensteine, Fieber, Infektionen der oberen Atemwege. Die Liste der zugeschriebenen Heilwirkungen ist noch erheblich länger. Ob der Saft der sukkulenten Wunderpflanze auch kulinarisch eingesetzt wird, entzieht sich unserer Kenntnis und aus Vorsicht habe ich damit auch keine Experimente unternommen.

1817 erhält der botanische Garten in Weimar ein Exemplar und Goethe wird gebeten, das Brutblatt zu untersuchen und Aufsätze darüber zu verfassen. Er ist fasziniert von der Pflanze, die auch als ‚Wunderblatt' bezeichnet wird, weil kleine Pflänzchen an den Rändern des Mutterblattes wachsen. Fallen sie zu Boden, sollen mit erstaunlicher Geschwindigkeit neue Pflanzen nachwachsen.

Seiner Freundin Marianne von Willemer schickt Goethe ein Exemplar dieser ‚Wunderpflanze', die in manchen Kulturen auch als ‚Heiliges Blatt' bezeichnet wird, mit einem launischen Gedicht als Zugabe:

„Was erst still gekeimt in Sachsen, soll am Maine freudig wachsen. Flach auf guten Grund gelegt, merke, wie es Wurzeln schlägt. Denn der Pflanzen frische Menge steigt in lustigem Gedränge. Mäßig warm und mäßig feucht, ist, was ihnen heilsam deucht. Wenn du's gut mit Liebchen meinst, blühen sie dir wohl dereinst."

Das ‚Kraut der Unsterblichkeit'

Jiaogulan-Ranke

Bei den Kräuter-Expeditionen stieß ich auch auf eine Pflanze, bei der allein schon der Name Neugier weckt. Ob Goethe dieses Kraut gekannt hat, wissen wir nicht. Möglich ist es. Denn die botanischen Gärten in Weimar und Jena verfügten über eine Sammlung aus aller Welt. Und so mag dort auch dieses ursprünglich aus China stammende winterharte Gewächs dort seinen Platz gefunden haben. Was der Name der Pflanze - ‚Kraut der Unsterblichkeit' - verheißt, ist natürlich eine maßlose Übertreibung. Aber immerhin und zumindest verspricht die Bezeichnung ein hohes Maß an Gesundheit. Tatsächlich ist dieser Name in etwa die Übersetzung des chinesischen Wortes „Jiaogulan". So heißen in China die süß-herb schmeckenden Blätter mit einer leicht lakritzartigen Note. Seit langem werden sie in der über 2000 Jahre alten traditionellen chinesischen Medizin eingesetzt. Besonders in den Bergen Südchinas, wo man sich täglich aus den Blättern Tee zubereitet. Verblüffend ist dort der überdurchschnittlich hohe Anteil der über Hundertjährigen. Das ist der Forschung natürlich aufgefallen, und so trat die Pflanze auch in Japan, in den USA und in Europa ihren Siegeszug als ‚Anti-Aging-Kraut' an. Zumal sie eine kostengünstige Alternative zum teuren Ginseng ist und diesen an den charakteristischen Wirkstoffen noch weit übertrifft. In chinesischen Medizinjournalen sind Studien veröffentlicht, die eine vorbeugende Heilwirkung dieser Pflanze belegen. Sie soll den Spiegel von Blutzucker und Cholesterin senken, die Leber aktivieren, Immun- und Nervensystem stärken sowie Herzinfarkten, Schlaganfällen und der Arteriosklerose vorbeugen.

Ich habe die Blätter dieser wohlschmeckenden, ungiftigen Pflanze für Salate, Omeletts und dann auch für Fischgerichte eingesetzt und war angetan von der Geschmacksverfeinerung. Umso erstaunter aber war ich, als weitere Recherchen herausbrachten, dass Jiaogulan-Kraut, das sich jeder preiswert im Garten oder auf dem Balkon halten kann, gemäß EU-Lebensmittelverordnung in Deutschland und der EU nicht als Lebensmittel zugelassen und angeblich nicht zum Verzehr geeignet sei. Warum? Hat die Pharmaindustrie ihre Hände im Spiel? Ich vertraue da eher Peking als Brüssel, denn auf der internationalen Konferenz für traditionelle chinesische Medizin wurde die Jiaogulan-Ranke 1991 zu den zehn wertvollsten Heilkräutern der Welt gezählt.

Der eigene Kräutergarten

Mit der Pimpinelle vom Markt in Weimar war der Anfang gemacht. Aber wo finde ich nur all die anderen Kräuter, die ich vorher noch nie gesehen hatte? Der Supermarkt fällt flach. Das gängige Angebot habe ich schon. Bestellungen über das Internet wären eine Möglichkeit. Aber wer kannte sich bestens mit Kräutern aus? Nicht nur Goethe, sondern auch die Mönche.

Der Klostergarten hält eine angenehme Überraschung bereit. Da ist alles an Kräutern versammelt, was das Herz sich wünscht. Sogar Exoten, von denen ich bis dahin noch nie etwas gehört habe. Rapontica, Topinambur, Lakritz-, Cola- und Currykraut, Kümmelthymian und vieles, vieles mehr. Allein die Varianten verschiedener Minzen verblüffen. Da gibt es z.B. welche mit Apfel-, Ananas-, Bananen- und Ingweraroma. Oder spanische, mexikanische, gesprenkelte und ungesprenkelte.

Schön, dass man hier all diese Pflänzchen kaufen kann. Zu Hause kommen die Pflanzen in größere Töpfe, damit sie mit ihrem Wachstum Freude machen. Per Internet und Lexika beginnt nun auch das Studium, welche Erde und welcher Standort ihnen am liebsten ist. Auch Samentütchen habe ich mitgebracht und kann nun beobachten, wie die ersten zarten Pflänzchen sich ans Licht wagen.

Grillabende sind abgesagt. Auf Balkon, Terrasse und dem kleinen Gartenstück gibt es keinen freien Platz mehr. Das ist jetzt nur noch Kräutergelände.

Auf den folgenden Seiten findet sich eine fotografische Auswahl der Kräuter inklusive einiger Gemüse.

Um das Aroma der Kräuter kennen zu lernen, habe ich von den Blättern gekostet und sie zunächst einmal vorzugsweise in Omeletts, Suppen und einfachen Salaten eingesetzt, um ihren Eigengeschmack herauszufinden. Auch das Spiel der Kräuterkombinationen war spannend. Wer kann mit wem? Denn es gibt beim Geschmack dominante Kräuter, die die anderen völlig zudecken, so dass sie nicht mehr zur Entfaltung kommen. So muss man z.B. mit dem Estragon sparsam umgehen, weil er mit seinem starken Aroma andere Mitspieler wie etwa die zarte Pimpinelle verschwinden lässt. Was die Suppen betrifft, habe ich die Eigenart der Kräuter nicht mit gekaufter Gemüsebrühe zugeschüttet, sondern die Brühe aus Gemüse selbst hergestellt. Auch war herauszufinden, welche Kräuter verlieren beim Kochen ihren Geschmack, welche nicht.

Die Kräutersammlung (und auch Gemüse)

Apfelminze

Basilikum

Beifuß (getrocknet)

Bergbohnenkraut

Blutampfer

Bohnenkraut

Borretsch mit Blüte

Brunnenkresse

Buschbohnen

Buschbohne (Blüten)

Currykraut

Dill

Eiskraut

Estragon (französisch)

Fenchel

Fetthenne

Gundermann

Hirschhornwegerich

Johanniskraut mit Blüte

Kamille (römische)

Kapuzinerkresse

Kerbel

Koriander

Kraut der Unsterblichkeit

Kümmelthymian

Lakritzkraut

Lavendel

47

Liebstöckel

Lorbeer

Majoran

Mangold

Nachtkerze (Rapontica)

Olivenkraut

Oregano

Pastinake

Petersilie (gekräuselt)

Petersilie (glatt)

Petersilienwurzel

Pilzkraut

Pimpinelle

Portulak

Portulakblüte

Rauke

Ringelblume

Rosmarin

Rote Rettichkresse

Salbei

Sauerampfer

54

Schafgarbe (weiß)

Schafgarbe (rot)

Schnittknoblauch

Schnittknoblauch (Blüte)

Schnittlauch mit Blüte

Spanischer Pfeffer (scharf)

Strauchbasilikum

Süßkartoffel

Stevia

Thymian

Topinamburpflanze

Topinamburknollen

58

Topinambur-Blütenknospe

Tripmadam

Waldmeister

Wermut

Ysop

Ysop (Blüte)

Zitronenmelisse

Zitronenverbene

Zucchini

Küchen-Steckbrief der Kräuter
(bzw. auch einiger Gemüse)

Einige der aufgeführten Kräuter wie z.B. Beifuß oder Wermut enthalten Komponenten, die eventuell Allergien auslösen können. Es wird daher geraten, sich bei regelmäßigen Einsatz über Dosierung und mögliche Nebenwirkungen zu informieren.

Apfelminze - Es gibt viele Arten von Minze mit charakteristischen Aromavarianten. Zum Beispiel mexikanische, koreanische, spanische, Apfel-, Bananen-, Ananasminze, Wasserminze, und dann eben die bekannte Pfefferminze. Mit ihren frischen Blättern kann man Salate, Suppen, Gemüse- oder auch Fleischgerichte würzen. Auch als essbare Dekoration ist sie einsetzbar. Die aromatischen Blätter enthalten das erfrischend wirkende Menthol, auf das empfindliche Menschen allerdings allergisch reagieren können.

Bärlauch - knoblauchartiges Aroma, aber milder; passt zu Suppen, Fischgerichten, Salaten, gibt für Nudeln ein wunderbares Pesto.

Basilikum - leicht süßlicher, ein wenig pfeffriger Geschmack; Einsatz vor allem in der mediterranen Küche; passt u.a. sehr gut zu

Salaten, Fisch, Nudelgerichten und gibt ebenso wie Bärlauch ein sehr schmackhaftes Pesto.

Beifuß - bitterer Geschmack (erinnert an Wermut), würzt Soßen, Salate, Braten.

Bergbohnenkraut – (Satureja montana) pfeffriger Geschmack wurde schon vor über tausend Jahren von Mönchen über die Alpen nach Deutschland gebracht, eignet sich u.a. für Salate, Schmorgerichte, Tomatensoßen. Harmoniert mit Salbei, Rosmarin, Zwiebeln und Knoblauch. Junge Blätter beim Kochen gegen Ende hinzugeben. Man kann es aber auch mitsamt der Stiele zufügen. Galt im Mittelalter als universales Heilmittel. Bergbohnenkraut hat ein köstliches, etwas stärkeres Aroma als das bekannte ‚normale' Bohnenkraut.

Blutampfer - sauer-bitterlicher Geschmack; milder als Sauerampfer; Blätter werden roh für Salate und Suppen verwendet. Wegen der Oxalsäure nur gelegentlich und in geringen Mengen verwenden.

Bohnenkraut - herber Geschmack, leicht scharfe Note, schmeckt nicht nach Bohnen, harmoniert aber mit Bohnen-, Linsen-, Erbsen-, Kartoffel-, Kohl- und Fischgerichten. Ebenso mit Lammfleisch und als Zugabe zu mediterranen Kräutern.

Borretsch - schmeckt nach Gurken, leicht säuerliche Note, Einsatz für Salate, auch in Verbindung mit Dill. Man sollte nur frische Blätter verwenden, da die Pflanze beim Trocknen ihr Aroma verliert. Die frisch gehackten Blätter passen auch zu Fisch- und Eierspeisen. Die azurblauen Blüten sind essbar, und man kann sie sehr schön zur Dekoration einsetzen, z.B. auch bei Suppen als Farbtupfer auf einem Häubchen Crème fraîche.

Brunnenkresse - kräftiger Geschmack, eignet sich sehr gut für Salate und Suppen, z.B. Lachscremesuppe.

Buschbohne (grüne Bohne) - Die Buschbohne gelangte im 16. Jahrhundert nach Europa, verdrängte die ,Acker- bzw. Schweinsbohne' (,dicke Bohne'). Ist die Buschbohne noch jung und zart, wird sie auch als ,Prinzessbohne' bezeichnet und gilt als besondere Delikatesse. Roh sind die Buschbohnen wie auch die dicken Bohnen giftig. Sie enthalten Phasin, das Erbrechen und Durchfall bewirkt, evtl. auch zu Schock und Krämpfen führt. Durch Kochen wird das Gift zerstört. Eine kuriose Verwendung finden in einigen Ländern die Blätter der Buschbohne. Sie werden um das Bett herum verstreut und fangen mit ihren feinen Härchen Bettwanzen. Die Bohnenkerne sind vitamin- und mineralreich und sollen auch gegen Gicht und Rheuma helfen.

Currykraut - wird auch ‚Italienisches Sonnengold' genannt, hat mit dem Gewürz Curry nichts zu tun, nur entfernt etwas Curryaroma, schmeckt eher krautig; würzt Suppen, Gemüse- und Fleischgerichte; nur Blätter verwenden, nicht die Zweige; das Kraut kann das Gewürz Curry bei Currygerichten nicht ersetzen.

Dill - milder, krautiger Geschmack; für Soßen und Salate, für Fisch- und Gemüsegerichte.

Eiskraut - sukkulente Mittelmeerpflanze, wegen ihrer Resistenz auch ‚Pflanze des Lebens' genannt. Der Name ‚Eiskraut' rührt von den weißen Salzkristallen her, die sich auf der Blattoberfläche bilden können. Bevorzugter Standort sind Salzsümpfe. Wird Salaten zugesetzt wegen des leicht säuerlichen und salzigen Geschmacks. Enthält viele wertvolle Inhaltsstoffe und wird auch in der Naturheilkunde eingesetzt.

Estragon - bitter-süßliches Aroma mit einer feinen Anisnote. Man sollte ihn, da er einen intensiven Geschmack hat, sparsam verwenden. Eignet sich für Salate, Suppen, Soßen und für Geflügel- und Fischgerichte. Estragon kann mitgekocht werden, da sich das

Aroma dabei nicht verliert, sondern sogar noch intensiver wird.

Fenchel - leicht anisartiger Geschmack. Das gefiederte Kraut, das dem Dill ähnelt, ist sehr gut geeignet für Suppen und Salate und auch zum Garnieren. Die Fenchelknolle selbst ist universal verwendbar. Eignet sich als Gemüse roh, gebraten, gekocht oder am besten mit Käse überbacken. In kleine Würfel gehackt kann die Fenchelknolle auch Salaten zugegeben werden. Eignet sich auch sehr gut zusammen mit einer Zitrone für Fischgerichte.

Fetthenne (Mauerpfeffer) - Die Fetthenne gehört zu den Dickblattgewächsen. Ob die pfeffrig schmeckenden Blätter als Salatgewürz eingesetzt werden können, darüber besteht Uneinigkeit. Die Fetthenne ist wegen ihrer Alkaloide (allerdings geringe Konzentration) leicht giftig. Verwendet werden die fleischigen Blätter. In der Homöopathie wird sie in geringer Dosierung als Heilpflanze benutzt.

Gundermann - pikant bitteres, leicht scharfes Aroma. Man nimmt die jungen Blätter. Geeignet für Salate und Bratkartoffeln. Wegen des intensiven Geschmacks, der mildere Kräuter dominiert, sparsam einsetzen.

Hirschhornwegerich - leicht pilzartiger Geschmack, eignet sich für Wildkräutersalat neben z.B. Gänseblümchen, Sauerampfer und Löwenzahn. Lässt sich auch zum Abrunden von Eierspeisen verwenden.

Johanniskraut - ist eher bekannt als Heilkraut, als Antidepressivum. Man wird sich bevorzugt Tee daraus bereiten, statt es als Gewürzkraut in der Küche einzusetzen. Gleichwohl gibt es auch hier Gerichte, bei denen es verwendet wird, z.B. ‚Alter Bauer', ein Kartoffelgericht mit saurer Milch, Brot und Schinken. Wir belassen es lieber beim Tee oder der Schnapsherstellung. Seit 2003 ist Johanniskraut der Apothekenpflicht unterstellt, da man herausgefunden hatte, dass es zu einem Abbau anderer Wirkstoffe führen kann. Seinen Namen hat das Kraut, weil es zur Zeit des Johannistags (24. Juni) blüht. 2015 wurde es zur Heilpflanze des Jahres gewählt. Genutzt werden außer der Wurzel alle Pflanzenteile.

Kamille (römische) – wird genauso wie die einheimische, echte Kamille als Tee eingesetzt. Verwendet werden die Blütenköpfchen. Es wird eine ganze Reihe von Heilwirkungen angegeben, von antibakteriell bis Zahn-schmerzen. Bei einer Korbblütlerallergie können jedoch seltene allergische Reaktionen auftreten.

Kapuzinerkresse - intensiver, pfeffriger Geschmack, weil die Pflanze Senfölglykoside enthält. Blätter, Knospen, Früchte und Samen sind essbar. Ebenso die Blüte, die bei Salaten nicht nur dekorativ wirkt, sondern auch eine pikante Geschmacksnote ergibt. Die Knospen lassen sich als Kapernersatz verwenden. Die kleingeschnittenen, jungen Blätter eignen sich zur Verfeinerung von Soßen oder Vinaigrettes. Die Blätter sollte man in Maßen einsetzen, da es sonst zu Magen-Darm-Reizungen kommen kann.

Kerbel - leicht pfeffriges Aroma, das ein wenig an Petersilie erinnert. Verwendung für Soßen und Suppen, wobei der Kerbel nicht mitgekocht, sondern erst zum Schluss zugegeben werden soll. Sonst verliert er sein Aroma. Das Kraut vor der Blüte verwenden. Am besten sind die jungen Blätter.

Koriander - leicht bitterer, süßlicher, intensiver Geschmack. Wichtiger Bestandteil der asiatischen Küche. Intensive, sehr individuelle Geschmacksnote, die nicht alle lieben. Die Blätter erst zum Ende des Kochvorgangs zugeben, da sich sonst das Aroma etwas verliert. Getrockneter Koriander hat erheblich weniger Aroma als die frischen Blätter. Eignet sich für Suppen, Fisch- und Fleischgerichte.

Kraut der Unsterblichkeit - süß-herb schmeckende Blätter, schmeckt ähnlich wie Ginseng, leichte Lakriznote, traditionelles

Heilmittel der chinesischen Medizin; in den bergigen Regionen Südchinas schwört man auf diese Pflanze und tatsächlich gibt es dort überdurchschnittlich viele Hundertjährige. Blätter eignen sich für Salate. Zu dem Kraut mit dem sensationellen Namen siehe auch S. 34. In China heißt die Pflanze „Jiaogulan", was übersetzt in etwa der deutschen Bezeichnung entspricht.

Kümmelthymian - Vor allem die Engländer lieben ihn als Zugabe zu Fleisch, Wurst und Käse. Thymiangeschmack mit leichtem Kümmelaroma. Breitet sich als Kriechpflanze mit einem dichten Teppich von dunkelrosa Blüten aus. Nicht nur lecker, sondern auch sehr dekorativ. Kommt ursprünglich aus Korsika, ist aber winterhart. Auch Heilwirkungen sagt man dem Kümmelthymian nach. Er soll insbesondere bei Magen-Darm-Beschwerden helfen und antiseptisch wirken.

Lakritzkraut - Anis- und Lakritzaroma, alte Würz- und Heilpflanze der Azteken, eignet sich für Salate, für süße und salzige Speisen, insbesondere aber für die Herstellung von Likör.

Lavendel - Die jungen Blätter verfeinern Fisch- und Geflügelgerichte, aber auch Suppen und Soßen und in kleineren Mengen Salate.

Lavendel ist häufiger Bestandteil der Gewürzmischung ‚Kräuter der Provence'. In der Naturheilkunde werden die Blüten als Sedativum und Einschlafhilfe eingesetzt. Das Aroma ähnelt dem des Rosmarins.

Liebstöckel - wird auch als Maggikraut bezeichnet. Intensives, würziges Aroma. Gibt Suppen (insbesondere Gemüsesuppen), Fleisch- und Fischgerichten eine besondere, herzhafte Note.

Majoran - intensives, herbes Aroma. Passt zu Suppen, Kartoffeln, Wild- und Geflügelgerichten. Wird auch Wurstkraut genannt, da es als Aromageber bei der Wurstherstellung verwendet wird. Das kräftig schmeckende Kraut sparsam einsetzen.

Mangold - Blattgemüse, ähnlich wie Spinat; die Blätter, am besten die jungen, können auch so zubereitet werden. Siehe zu Mangold auch Rezept ‚Gefüllte ‚Laubfrösche'.

Nachtkerze - Die Pfahlwurzeln der Nachtkerze schmecken wie Schwarzwurzeln mit einer Note von Sellerie; weitere geläufige Bezeichnungen der Pflanze sind u.a.: Rapontica, gelbe Rapunzel, Schinkenwurz, Rapunzelsellerie, Stolzer Heinrich. Zur Goethezeit ein Gourmetgemüse. Die Wurzeln werden geschält und in Fleischbrühe gedünstet oder gekocht. Auch roh als Salat anzurichten. Auch Blüten und Samen sind essbar. Aus den Samen wird für die Naturheilkunde Öl gewonnen. Es gibt zahlreiche Arten von Nachtkerzen. Die Wurzeln der Rapontica gehören zur ‚Gemeinen Nachtkerze' (Oenothera biennis). Die Wurzeln sind nur im ersten Jahr genießbar, können im Oktober ausgegraben werden. Im zweiten Jahr treibt der Blütenstängel aus, und die Wurzel verholzt.

Olivenkraut - olivenartiger Geschmack, Einsatz für Kräuterpestos, in Pilzsoßen und auch für Fisch- und Fleischgerichte. Findet vor allem in der mediterranen Küche Anwendung.

Oregano - wird auch als Dost bezeichnet. Bitterer, herber, intensiver Geschmack. Würzt Suppen, Fleisch- und Nudelgerichte. Passt auch gut zu Eierspeisen.

Pastinake - herber bis süßlich würziger Geschmack, erinnert im Aroma an Sellerie, vor allem aber an die Petersilienwurzel, ist jedoch etwas milder. Lässt sich gut zu Suppen und Pürees verarbeiten und kann gerieben Salaten zugesetzt werden. Auch die Blätter der Pastinake sind wie bei der Wurzelpetersilie als Gewürzkraut einsetzbar.

Petersilie - Nahezu universal einsetzbar, kennt jeder. Es gibt krausblättrige und glatte. Eignet sich u.a. besonders für Suppen, Salate, Gemüsegerichte, Kartoffeln. Man gibt sie kurz vor dem Servieren dazu. Beim Mitkochen würde sie ihre Vitamine verlieren. Sie hat reichlich Vitamin C und soll blutreinigend wirken. Die glattblättrige Petersilie ist etwas stärker, würziger im Geschmack.

Petersilienwurzel - intensiver, leicht süßlicher Geschmack; ähnelt der Pastinake, ist jedoch etwas kräftiger. Wird zum Würzen von Suppen und Eintöpfen verwendet, kann aber auch in Rohkostsalaten eingesetzt werden. Auch die Blätter können mit genutzt werden. Bei schwangeren Frauen kann die Petersilienwurzel, nimmt man zu viel davon, die Wehen auslösen.

Pilzkraut - leichter Champignon-Geschmack. Einsetzbar, wo Pilzaroma erwünscht ist. Frische Blätter verwenden, da die getrockneten ihr Aroma verlieren. Zum Würzen von Suppen, Soßen und Salaten. Beim Kochen erst nach etwa der Hälfte der Kochzeit zugeben.

Pimpinelle - zarte Würze, gurkenähnlicher Geschmack der fein gefiederten Blätter. Wird auch ‚kleiner Wiesenkopf' genannt. Passt zu Salaten, Eierspeisen, Kartoffeln, Fisch,

Gemüse. Die zarte Würze der Blätter entwickelt sich am besten in Zitronensaft.

Portulak - herber, etwas salziger Geschmack. Wird verwendet für Salat, Suppen und Soßen. Die jungen, saftigen Blätter nehmen. Nach der Blüte schmecken sie bitter.

Rauke - Die jungen, zarten Blätter erinnern an das Aroma von Kresse, Senf und Nüssen. Einsatz vor allem für vitaminreiche Salate.

Ringelblume - pikant schmeckende Blüten, die als Safranersatz dienen. Zur Dekoration für Salate und Suppen. Die Blütenblätter sind essbar.

Rosmarin - sehr aromatisches Küchenkraut, leicht bitterer Geschmack. Einsatz vor allem für die mediterrane Küche. Für Fleisch-, Geflügel-, Fischgerichte, Gemüseeintöpfe, Suppen. Sehr lecker sind Rosmarinkartoffeln.

Rote Rettichkresse – senfartiger, milder bis scharfer Geschmack; gut für Salate und Gemüsesuppen; auch Quark kann man damit verfeinern. Die Rettichsprossen sollen wegen ihrer ätherischen Öle antibakteriell und sogar krebshemmend wirken.

Salbei - etwas bitterer, sehr intensiver Geschmack. Nicht nur die Blätter, auch die

Blüten sind essbar. Passt zu Suppen, Fleisch- und Fischgerichten. Bestandteil der mediterranen Küche. Salbeibutter eignet sich sehr gut für Nudeln, aber auch für Kartoffelpüree und Käsesoßen. In zu großen Mengen kann Salbei wegen des Wirkstoffs Thujon giftig wirken.

Schafgarbe - kann genutzt werden für die Neunkräutersuppe gegen Frühjahrsmüdig- keit. Ansonsten ist es eine klassische Heilpflanze, die gegen eine ganze Reihe von Leiden helfen soll. Der Wortbestandteil ‚Garbe‘ kommt aus dem Althochdeutschen und bedeutet ‚die Heilende‘. Im Volksmund wird die Schafgarbe auch noch wegen ihrer feingliedrigen Blätter als ‚Augenbraue der Venus‘ bezeichnet. Alle Pflanzenteile sind verwendbar. Gesammelt wird im Hoch- sommer. Jedoch sollte man das in der freien Natur nur tun, wenn man sich genau auskennt. Es gibt weiße und rote Schafgarbe.

Schnittknoblauch - nach Knoblauch schmeckender Schnittlauch, etwas milder als Knoblauch und mit dem Vorteil, dass man nicht nach Knoblauch riecht. Eignet sich sehr gut für Salate und Fleischgerichte.

Schnittlauch - kräftiges, würziges Laucharoma. Einsatz in Salaten, Omeletts, Dips, Kartoffelsuppen, Quark, Fischgerichten,

Soßen. Halme fein schneiden, da so am besten die ätherischen Öle freigesetzt werden.

Spanischer Pfeffer - Nachtschattengewächs, nur die Früchte, Schoten dürfen kulinarisch verwertet werden. Scharfer, pfeffriger Geschmack. Der für die Schärfe verantwortliche Gehalt an Capsaicin kann variieren. Lässt sich wie die Chilischote einsetzen. Wurde von Kolumbus nach Europa gebracht.

Süßkartoffel - nussiger, süßer Geschmack, der etwas an Kürbisse erinnert; die Knollen werden wie Kartoffeln behandelt, können also gekocht, gebacken, frittiert oder gebraten werden. Als sehr energiereiche und pflegeleichte Pflanze wurde sie von der NASA für Weltraumexpeditionen ausgewählt.

Stevia - wird auch ,Süßkraut' genannt. Es hat eine erheblich höhere Süßkraft als Zucker und kann als Ersatz für diesen dienen. Steviablätter werden in Südamerika auch als Heilmittel verwendet. Als Lebensmittelzusatzstoff ist es von der EU seit 2011 zugelassen. Mit seinen Glykosiden scheint Stevia trotz des leicht lakritzartigen Geschmacks eine gesunde Alternative zum Zucker zu sein. In der Forschung herrscht darüber aber noch Uneinigkeit. Die Geschichte der hin und her wogenden Erlasse zu Stevia bedarf eines besonderen Studiums. Ich habe die Blätter ausprobiert zum Süßen von Desserts und war mit dem Ergebnis zufrieden.

Strauchbasilikum - Auch ‚Kilimandscharo Basilikum' genannt oder ‚African Blue'. Gedeiht auch in Europa, gehört zu den mediterranen Gewürzkräutern. Starker, würziger Geschmack mit etwas Campher-Aroma. Soll antibakterielle, schmerzstillende Wirkung haben, besonders bei Magen- und Darmbeschwerden. Blätter und Blüten können verwendet werden. Verfeinert die klassischen mediterranen Gerichte. Die Blätter nicht mitkochen, erst zum Schluss zugeben, da sie sonst ihr Aroma verlieren.

Thymian - pikanter, leicht pfeffriger, würzig süßlicher Geschmack. Passt sehr gut zu Fisch, Geflügel, Lamm. Besonders lecker sind Bratkartoffeln mit Thymian. Passt auch zu Salaten oder gebackenem Schafskäse. Nicht weg zu denkender Bestandteil der mediterranen Küche.

Topinambur - siehe hierzu das Kapitel ‚Topinambur' (S. 85)

Tripmadam - auch Felsen-Mauerpfeffer oder Felsen-Fetthenne genannt; wird als leicht säuerlich schmeckendes Kraut für Salate eingesetzt und zum Würzen von Soßen. Soll gegen Bluthochdruck und Arterienverkalkung wirken.

Waldmeister - klassische Verwendung für die berühmte Maibowle. Man kann ihn aber auch zum Dekorieren und Aromatisieren von Süßspeisen verwenden. Wegen seines Kumaringehaltes, der für das charakteristische Aroma verantwortlich ist, sollte Waldmeister vorsichtig dosiert werden.

Wermut - wird auch Eberraute genannt, bitterer Geschmack; wird zum Würzen von Soßen, Salaten, Braten benutzt. Sollte vorsichtig dosiert werden wegen der intensiven Geschmacksnote. Auch nicht für längere Zeit verwenden, weil einige Inhaltsstoffe das Nervensystem schädigen können.

Ysop - leicht bitterer, campherartiger Geschmack, erinnert an Oregano und Salbei. Würzt Salate, Suppen, Soßen, wird auch für Fisch- und Wildfleischgerichte eingesetzt. Aber auch Kartoffel- und Pilzgerichte erhalten durch Ysop eine pikante Note. Sparsam verwenden wegen des recht starken Aromas. Ysop soll nicht mitgekocht werden, da sich dann das Aroma verflüchtigt. Kräuter erst nach dem Kochen zugeben und einziehen lassen. Frauen sollten in der Schwangerschaft auf das Würzen mit Ysop verzichten, da das

Kraut Campher enthält, der in hoher Dosierung Krämpfe fördern könnte.

Zitronenmelisse - leicht zitroniger Geschmack; wird für Salate verwendet, auch für Obstsalate; ist eine Bereicherung für Fischgerichte wie überhaupt für alle Gerichte, die durch Zitronenaroma gewinnen. Melissenblätter sollten nicht mitgekocht werden, da sich dann das Aroma verliert. Die zerkleinerten Blätter kurz vor dem Servieren hinzugeben. Zitronenmelisse wirkt beruhigend.

Zitronenverbene - auch Zitronenstrauch genannt; der Duft der Blätter erinnert an Zitronen. Die Blätter werden für Salate eingesetzt, eignen sich aber auch für Fleisch- und Pilzgerichte, insbesondere aber für Süßspeisen.

Zucchini - die beliebte Zucchini gehört zu den Kürbisgewächsen. Sie kann roh, gekocht, gegrillt und gebraten gegessen werden. Als besondere Delikatesse gelten die gelben Blüten. Ihren Siegeszug trat die Zucchini von Italien aus an. Die Zucchini ist kalorienarm, aber reich an Vitaminen und Mineralien. Bitter schmeckende Exemplare sollten entsorgt werden, weil sie giftige Cucurbitacine enthalten, die durch Kochen nicht zerstört werden.

Die Rezepte

Die Maßangaben sind als Orientierungshilfe gedacht. Ich liebe mehr das ‚freihändige', kreative Kochen. Bei den Gerichten habe ich auf die Fotos verzichtet, weil es einfach besser schmeckt als ich fotografieren kann und es lieber den Leserinnen und Lesern überlasse, die leckeren Mahlzeiten mit eigener Kreativität für das Auge ansprechend zu servieren.

Grüne Soße

„Als ältester Enkel und Pate hatte ich seit meiner Kindheit jeden Sonntag bei den Großeltern gespeist: es waren meine vergnügtesten Stunden der ganzen Woche." Das schreibt Goethe in seiner Autobiographie ‚Dichtung und Wahrheit' (2. Buch). Kräuter waren das Herz der großmütterlichen Küche. Ebenso bei Goethes Tante Melber und natürlich auch bei seiner Mutter im Frankfurter Haus. Die heute so berühmte ‚Frankfurter Grüne Soße' mit ihren Rezeptanweisungen gab es zu Goethes Jugendzeit noch nicht. Grün allerdings war die Soße meist. Man richtete sich mit den Zutaten nach der Saison und gab hinzu, was würzte und schmeckte, z.B. Sardellen oder Kapern. Für die nachmalige ‚Frankfurter Grüne Soße' gibt es mittlerweile ein eigenes Kulturfestival, und im Frankfurter Stadtteil Oberrad hat man ihr sogar ein Denkmal gesetzt. Etwas bizarr dagegen muten die jahrelangen markenrechtlichen Auseinandersetzungen an.

Weltweit gibt es grüne Soße in den verschiedensten Varianten, z.B. in Italien als ‚Salsa verde', in Frankreich als ‚Sauce verte', in Spanien auf den Kanaren als ‚Mojo verde', in Indien als ‚Hari Chutney', auf Trinidad und Tobago als ‚Green Seasoning', in Mexiko als mit Chili geschärfte ‚Salsa verde'.

Traditionell nach heutiger Frankfurter Anweisung gehören zu der Soße sieben Kräuter: Borretsch, Kerbel, Kresse, Petersilie, Pimpinelle (hier nimmt man die feingliedrigen Blätter), Sauerampfer und Schnittlauch. Aber es gibt regionale Unterschiede. Im nördlichen Hessen liebt man Dill als Zugabe, im südlichen dagegen schwört man auf die genannten sieben Kräuter.

Der sogenannte Dill-Äquator, der Nord- und Südhessen trennt, verläuft bei Alsfeld. Die Kräuter werden mit saurer Sahne, Schmand, Crème fraîche oder Joghurt verarbeitet. Salz und Pfeffer kommen hinzu und ein fein zerhacktes, hart gekochtes Ei oder auch zwei. Die Soße wird über gekochte Pell- oder Salzkartoffeln gegeben und eignet sich insbesondere als Beilage zu Fisch.

Ich habe mich, mehr der Goethezeit und Tante Melber folgend, für diese Variante entschieden:

Zutaten:
Petersilie, Kresse, Kerbel, Dill (jeweils 1 EL)
1 halber Becher Joghurt
1 EL Mayonnaise,
Salz, Pfeffer,
ein klein zerhacktes, hartgekochtes Ei
2 zerkleinerte Sardellen

Zubereitung:
Joghurt mit Mayonnaise verrühren, klein gehackte Kräuter, Sardellen und Ei hinzufügen, mit Salz und Pfeffer abschmecken. Die Soße lässt Spielraum für viele Varianten und eigene Experimente. Wer es etwas schärfer liebt, mag z.B. eine Chilischote hinzugeben. Wem die Soße noch nicht grün genug ist, kann sie wie zur Goethezeit mit Spinat nachfärben. Eine ebenso leckere Variante (ohne Sardellen), die gut zu Pellkartoffeln passt, ist folgende: An Kräutern nimmt man jeweils einen Esslöffel Petersilie, Dill, Estragon, Schnittlauch, Zitronenmelisse. Saure Sahne wird mit Joghurt, Zitronensaft und Quark verrührt, die kleingehackten Kräuter und eine kleingehackte Zwiebel werden unter die Soße gerührt. Zwei oder drei Eier werden hart gekocht, in Würfelstücke geschnitten und hinzugefügt.

Salbeibutter

Salbeibutter ist einfach herzustellen. Sie eignet sich als würzige Soße zu Nudeln oder auch Kartoffelpüree.

Zutaten:
Salbeiblätter (5-10, je nach Größe)
100 g Butter
1 Zehe Knoblauch
Salz
weißer Pfeffer

Zubereitung:
Salbeiblätter klein hacken, Butter in einer Kasserolle schmelzen, gepressten Knoblauch und Salbeiblätter mit Schneebesen einrühren. Prise Salz und Pfeffer zugeben. Eine Weile ziehen lassen, vor der Zugabe zu Kartoffelpüree oder Nudeln wieder erhitzen.

Sardellensoße

Sicher hat Goethes Frau Christiane eins der damals populären Kochbücher gelesen, etwa das im Weimarer Nachlass ihres Bruders überlieferte mit dem Titel: „Unterricht für ein junges Frauenzimmer, das Küche und Haushaltung selbst besorgen will, aus eigener Erfahrung ertheilt von einer Hausmutter".

Darin findet sich z.B. ein Rezept für eine Sardellensoße, die ich ausprobiert und etwas verfeinert habe. Sie ist vielseitig einsetzbar. Die Verfasserin des Buches schreibt: „Richtet es dann an, zu was ihr wollt." Man kann z.B. damit Pellkartoffeln pikanter machen. Nimmt man gesalzene Sardellen, ist das Abschmecken mit Salz überflüssig.

Zutaten:
3 Sardellen
1 EL Butter
1 EL geriebene Semmel
1 Tasse Rindfleisch- oder Gemüsebrühe
1 TL Ingwer
1TL saure Sahne
Saft von einer halben Zitrone
Pfeffer, Muskatnuss, Petersilie

Das Originalrezept kann man noch variieren mit 1 EL saurer Sahne, Petersilie und Zitronensaft.

Zubereitung:
Butter in einer Kasserolle zergehen lassen, Sardellen, Ingwer und geriebene Semmel hinzufügen, mit Gemüsebrühe aufkochen. Mit Pfeffer und Muskatnuss abschmecken. Saure Sahne und Zitronensaft zugeben, pürieren. Klein gehackte Petersilie hinzufügen.

Kräuteromelett mit Sardellen

Goethe liebte Sardellen. Da er auch einen guten Schluck Wein zu schätzen wusste, hätte ihm am nächsten Morgen ein Omelett mit Sardellen als Katerfrühstück gutgetan. So z.B. im Wiesbadener ‚Bären‘, wo er mit einem Brentano-Wein seinen 65. Geburtstag feierte und den Tag danach im Bett verbrachte.

Zutaten:
2 Eier
Schnittlauch
gesalzene Sardellen aus dem Glas
1 kleine Chilischote

Zubereitung:
Ein simples Rezept. Eier in Schüssel schaumig schlagen, mit etwas Butter und der Chilischote in einer Pfanne nur auf einer Seite erhitzen, Pfanne mit Teller zudecken, bei mittlerer Hitze die verquirlten Eier stocken lassen, mit Schnittlauch bestreuen und mit Sardellen nach Belieben belegen. Das Salzen kann man sich wegen der Sardellen sparen. Statt Kaffee ein Glas Madeira dazu trinken.

Um zehn Uhr vormittags hatte Goethe stets sein zweites Frühstück. Dazu gehörte auch ein Glas Madeira (Likörwein von der zu Portugal gehörenden Insel Madeira, mit bis zu 22% Alkoholgehalt).

Topinambur

Topinambur ist ein Knollen bildendes Sonnenblumengewächs. Die Pflanze verträgt, solange sie im Boden ist, im Gegensatz zur Kartoffel Frost und zeigt sich je nach Klimazone zwischen September und November mit sehr schönen, gelben Blüten. Aus einer Knolle bilden sich mehrere aufrecht wachsende, verzweigte Stängel, die bis zu drei Metern hoch werden können. Schon Bruchstücke einer Knolle reichen, um neu auszutreiben. Topinambur verfügt über eine erstaunliche Wuchskraft. Die Saatknollen steckt man im März/April in die Erde, geerntet werden kann von November bis zum nächsten Frühjahr. Die kleineren Knollen verbleiben im Boden und dienen der Folgekultur.

Außerhalb des Bodens ist Topinambur wegen der dünnen Schale weniger lagerfähig als die Kartoffel. Deshalb sollte man die Knollen direkt nach der Ernte verarbeiten, also von der Erde in den Topf. Im Kühlschrank halten sie sich etwa zehn Tage, verlieren dabei allerdings Aroma. Die kalorienarme Knolle zeichnet sich aus durch ihren süßlich-nussigen

Geschmack, der an frische, noch junge Haselnüsse erinnert. Topinambur kann man in vielen Varianten genießen. Roh, gekocht, püriert oder gedünstet. Die Knollen lassen sich braten, backen, frittieren, gratinieren.

Zur Goethezeit waren die auch Erdbirnen genannten Knollen sehr beliebt und wurden sogar an der herzoglichen Tafel als Püree oder Gemüse gereicht. Das Schälen scheint mühsam zu sein, ist aber kinderleicht wie bei Pellkartoffeln, wenn man die Knollen zuvor kurz blanchiert.

Topinambur kommt aus Nord- und Mittelamerika. 1610 schickten Auswanderer einige Knollen nach Europa, wo sie sich rasch verbreiteten. Der Name des Sonnenblumen-gewächses leitet sich ab vom indianischen Volk der Tupinambá. Deswegen wird die Pflanze auch als Indianerknolle bezeichnet. Im Vatikan fand man den Namen ‚girasole articiocco', Sonnenblumen-Artischocke. Weitere Namen sind: Erdtrüffel, Erdsonnenblume, Ewigkeitskartoffel und auch Schnapskartoffel, weil man gerne Branntwein aus der Pflanze herstellte. Wegen ihrer geringeren Lagerfähigkeit wurde Topinambur von der Kartoffel weitgehend in Europa verdrängt, feiert aber wegen ihrer geschmacklichen Exklusivität und vor allem wegen ihrer gesundheitsfördernden Wirkung eine Renaissance. Die satt machende Knolle wird für Diäten eingesetzt und hat auch den Namen Diabetikerkartoffel, gilt als

Kartoffelersatz für Diabetiker. Der größte Teil der Kohlenhydrate der Topinamburknolle besteht aus dem Mehrfachzucker Inulin, der den Blutzuckerspiegel nur geringfügig ansteigen lässt. Ein weiterer Effekt des Inulins ist die Senkung der Blutfettwerte. Das Inulin gelangt als Ballaststoff unverdaut in den Dickdarm und wird dort in Kohlendioxid und kurzkettige Fettsäuren zerlegt. Man sollte die Knolle maßvoll genießen. Eine tägliche, zu große Portion an Knollen kann zu Blähungen und Verdauungsbeschwerden führen. Man sollte sich an die eigene verträgliche Menge erst einmal herantasten. Nicht zu große Portionen zu servieren ist auch ratsam, wenn man Gäste einlädt, die man gerne wiedersehen möchte.

Topinambur ist vitaminreich und enthält Substanzen, denen man in der Homöopathie eine entzündungshemmende und krebsvorbeugende Wirkung zuschreibt. Neben dem Kulinarischen hat die ‚kleine Sonnenblume‘, wie sie auch noch genannt wird, also eine besondere medizinische Bedeutung.

Aus Topinambur kann man in Kombination mit anderen Wurzelgemüsen wie Möhren oder Knollensellerie wunderbar schmeckende Suppen herstellen. Würzen kann man z.B. mit Curry und Koriander. Wegen der erwähnten vielleicht möglichen Verdauungsbeschwerden bei zu großen Mengen an Topinambur kann man wie in den folgenden Rezepten der Indianerknolle auch die Kartoffel beigeben.

Topinambur-Suppe

Zutaten:
Jeweils etwa 150 Gramm Topinamburknollen und Kartoffeln
500 ml Gemüsebrühe
Butter
Salz
Pfeffer
1 Teelöffel Curry
1 Esslöffel Honig
1/2 Becher saure Sahne
Crème fraîche
Koriander

Zubereitung:
Man nimmt etwa gleiche Mengen Kartoffeln und Topinamburknollen, schält, würfelt sie, lässt sie in Butter anschwitzen, gibt Gemüsebrühe hinzu und lässt sie garkochen. Die Suppe wird püriert, Currypulver kommt hinzu, mit Salz und Pfeffer abschmecken, einen Esslöffel Honig und einen halben Becher saure Sahne zugeben. Alles gut verquirlen, mit Crème fraîche und Koriander garnieren.

Topinambur-Püree

Zutaten:
200 g Topinambur
200 g Kartoffeln
½ - 1 Tasse Milch
1 Esslöffel Butter
Salz, Pfeffer, Muskat
Schnittlauch

Zubereitung:
Topinambur und Kartoffeln schälen, in möglichst wenig Salzwasser garkochen. Bleibt zu viel Wasser übrig, Wasser abgießen. Heiße Milch, Butter und etwas Pfeffer hinzufügen, stampfen, frisch geraspelten Muskat zugeben. Mit Schnittlauch garnieren. Eignet sich als Beilage zu Fischgerichten.

Topinambur-Puffer

Zutaten:
300 g Topinambur
300 g Kartoffeln
1 Ei
1 Esslöffel Mehl
Salz, Pfeffer
Sonnenblumen- oder Rapsöl
Apfelmus oder Rübenkraut

Zubereitung:
Geschälte Kartoffeln in eine Schüssel reiben, Reibgut in ein Leinen- oder Küchentuch geben, Kartoffelwasser auspressen, die geriebenen Kartoffeln in die Schüssel zurückgeben. Geschälte Topinambur hinzuraspeln, Ei, einen Esslöffel Mehl und eine Prise Salz und Pfeffer hinzufügen. Alles gut vermengen, im heißen Öl bei mittlerer Hitze von beiden Seiten braten und mehrfach wenden. Als Beilage Apfelmus oder Rübenkraut.

Bärlauchpesto

Wer Bärlauch selbst sammeln will, muss darauf achten, ihn nicht mit giftigen Maiglöckchen oder Herbstzeitlosen zu verwechseln. Zur Probe mit den Fingern an den Blättern reiben und überprüfen, ob sie nach Knoblauch riechen. Im Wald gesammelter Bärlauch könnte auch mit den Eiern des Fuchsbandwurms infiziert sein. Laut Statistik passiert das allerdings selten (pro Jahr 20 Fälle in Deutschland, davon haben sich 70% über Heimtiere, Hund/Katze angesteckt). Man kann ihn auch selbst aussäen oder auf dem Markt besorgen. Die Bärlauchblätter sollten vor der Blüte geerntet werden.

Zutaten:
1 Bund Bärlauch
1 Bund Petersilie
1 Tasse Sonnenblumenöl
1 TL Honig
½ Tüte Mandelsplitter
1 ½ EL Parmesankäse
1 kleine Chilischote
Salz

Zubereitung:
Bärlauch und Petersilie kleinhacken; mit dem Öl, Parmesankäse, den Mandelsplittern, Honig und der Chilischote pürieren; mit Salz abschmecken. Für Spaghetti einsetzen.

Bärlauchsuppe

Zutaten:
1 Bund Bärlauch
Gemüsebrühe
1 Becher Crème fraîche
1 EL Butter
Pfeffer, Muskat

Zubereitung:
Bärlauchblätter kleinhacken, in Butter andünsten, mit Gemüsebrühe aufschütten,

Crème fraîche einrühren, mit Pfeffer und Muskat abschmecken.

Pikante Lauchsuppe

Zutaten:
3 Stangen Porree
5 mittelgroße Kartoffeln
400 g Rindergehacktes
Rinderbrühe
1 Becher Crème fraîche
oder 1 Becher Sahne
1 Paket Sahneschmelzkäse
1 Zwiebel
1 Bund Petersilie
Salz, Pfeffer, Muskat, evtl. auch 1 Chilischote

Zubereitung:
In Bratfett oder Margarine eine gehackte Zwiebel glasig anbraten, Gehacktes würzen (Salz, Pfeffer, evtl. Chilischote), anschmoren, mit Rinderbrühe auffüllen, in Würfeln geschnittene Kartoffeln zugeben, 10 min. köcheln lassen, 3-4 Stangen Porree (äußerste Schale wegnehmen), alles weiter köcheln lassen (ca. 10 min.), stampfen, Sahneschmelz-käse und Sahne zugeben oder Crème fraîche, zum Schluss mit Petersilie bestreuen, mit Muskat abschmecken, eventuell nachwürzen.

Bohnensuppe

Hierfür werden Buschbohnen verwendet, auch als Schnittbohnen oder grüne Bohnen bezeichnet.

Zutaten:

500 g Buschbohnen
300 g Rinderhack
400 g Kartoffeln
eine Handvoll Bergbohnenkraut
Bratfett
1 El Tomatenmark
2 Tomaten
1 Zwiebel
172 Becher Crème fraîche
1 l Gemüsebrühe
1 Chilischote
Salz, Pfeffer

Zubereitung:

Bohnen waschen, Stielenden abschneiden, kleinschnibbeln. Rinderhack salzen, pfeffern, Zwiebel schälen, kleinschneiden, Bratfett im Topf erhitzen, Zwiebel glasig braten, Rinderhack zufügen und anbraten. Gemüsebrühe und Chilischote zugeben und die zu kleinen Würfeln geschnittenen Kartoffeln. Zehn Minuten köcheln lassen, dann Bohnen und Bergbohnenkraut (Stiele können mitgekocht werden) hineingeben, das Tomatenmark und die kleingeschnittenen

Tomaten. Weitere zehn Minuten köcheln lassen. Evtl. noch Gemüsebrühe zufügen. Bohnenkrautstiele herausnehmen, Suppe mit Crème fraîche verrühren und mit Salz und Pfeffer abschmecken. Man kann diese Mahlzeit noch mit in Butter gebratenen Speckwürfeln bereichern.

Fenchelsuppe

Zutaten:
2 mittelgroße Fenchelknollen
1 Stück Sellerie
3 Kartoffeln
1 Zwiebel
1 Knoblauchzehe
1 L Gemüsebrühe
30 g Reibkäse
1 EL Butter
Fenchelgrün
Salz, Pfeffer, Muskat

Zubereitung:
Fenchel waschen, evtl. die äußeren faserigen Blätter entfernen, Knollen in Scheiben schneiden, Sellerie und Kartoffeln würfeln; Zwiebel und Knoblauch feinhacken, in Butter andünsten, Gemüse zugeben, weiterdünsten lassen, mit Brühe auffüllen, etwa 1 Stunde bei kleiner Hitze garen lassen; mit geriebenem

Käse und klein gehacktem Fenchelgrün anrichten.

Kerbelcremesuppe

Zutaten:
1 Bund Kerbelblätter
2 EL Butter
1 Becher Crème fraîche
25 g Mehl
200 ml Milch
400 ml Gemüsebrühe
1 TL Honig
Salz, Pfeffer

Zubereitung:
Kerbelblätter fein hacken, Butter zerlassen und Mehl darin anschwitzen, Milch und Gemüsebrühe zugeben, auf kleiner Stufe etwa 10 Minuten kochen. Kerbel mit Crème fraîche pürieren, hinzufügen und verrühren. Kerbel nicht mitkochen, da er sonst sein Aroma verliert. Mit Honig, Salz und Pfeffer abschmecken, mit Kerbelblättern garniert servieren. Tipp: junge und frische Kerbelblätter verwenden, auf jeden Fall vor der Blüte ernten.

Mairübchensuppe

Mairübchen

Die kleine weiße Mairübe (auch Navette genannt) ist, wie der Name schon andeutet, ein Saisongemüse. Sie ist eng verwandt mit der Teltower Rübe. Als Powermahlzeit für den Frühling scheint sie wieder in Mode zu kommen und findet sich im Mai und Juni manchmal auch im Sortiment der Supermärkte. Am ehesten findet man sie beim Bauern oder auf dem Wochenmarkt. Sehr gesund ist sie, steckt voller Vitamine und schmeckt mit ihrem fein süßlichen Aroma recht gut. Das Blattwerk lässt sich ebenfalls als Gemüse nutzen. Es ist reich an Vitamin C und Beta-Karotin. Man kann die Rübe roh essen (vorher schälen) im Salat oder auch zum Beispiel eine leckere Suppe kochen.

Zutaten:

1 oder 2 Mairübchen
3 mittelgroße Kartoffeln
1 Knoblauchzehe
2 EL Butter
½ l Gemüsebrühe
½ Becher Schlagsahne
1 EL Kerbelblätter
Salz , Pfeffer
Saft einer halben Zitrone
eine Prise Muskat

Zubereitung:

Kartoffeln und Mairübchen schälen, würfeln, im Topf mit 1 EL Butter und kleingehacktem Knoblauch andünsten. Brühe zugeben, etwa 15 Minuten kochen lassen. In einem zweiten Topf eine Mehlschwitze anrichten (Butter/Mehl), etwas von der Brühe hinzugeben bis zur cremigen Konsistenz. Das gar gekochte Gemüse pürieren, Mehlschwitze/Brühe hinzugeben, Sahne in die heiße Suppe rühren, mit Zitrone, Salz, Pfeffer und Muskat abschmecken. Jetzt erst den Kerbel hinzufügen, da er beim Kochen viel von seinem Aroma verlieren würde. Mit Petersilie garnieren.

Kürbissuppe mit Flusskrebschen

Zutaten:
1 mittelgroßer Kürbis
4 mittelgroße Kartoffeln
1 EL Honig
½ Becher saure Sahne
Gemüsebrühe
ein Stück Ingwerknolle
1 Päckchen Flusskrebse
Salz, Pfeffer, Muskat
Crème fraîche

Zubereitung:
Kürbis schälen, durchschneiden, Kerne entfernen, Kürbis und Kartoffeln in Stücke würfeln; alles mit Gemüsebrühe aufschütten, klein geschnittenen Ingwer zugeben, gar kochen; Honig und saure Sahne hinzufügen, pürieren, mit Salz, Pfeffer, Muskat abschmecken, Flusskrebse waschen, zugeben; mit Crème fraîche und Minzblatt garniert servieren.

Fischsuppe

Zutaten:
500 g Fischfilet (z.B. Seelachsfilet)
200 g Garnelen
2 Zwiebeln

2 Knoblauchzehen
½ Sellerieknolle
1 Porreestange
1 Pastinake
1 Möhre
½ Fenchelknolle
1 Lorbeerblatt
1 Chilischote
Thymian
1 Glas Weißwein
Salz, Pfeffer

Zubereitung:
Sellerieknolle, Pastinake, Porree, Fenchel-knolle, geschälte Zwiebel und Möhre kleinschneiden, alles in einen großen Topf geben. Thymian, Knoblauch, Lorbeerblatt und Chilischote hinzufügen. Mit Fischfond aufschütten. Fischfilet kleinschneiden, in den Topf geben. Zum Kochen bringen, bis das Gemüse gar ist. Bei den Garnelen Kopf und Darm entfernen, Garnelen hinzufügen. Weißwein zugießen. Alles 15 Minuten ziehen lassen. Mit Salz und Pfeffer abschmecken.

Hühnersuppe mit Petersilienwurzel

Zutaten:
1 mittelgroßes Suppenhuhn
½ Tasse Reis

3 Möhren
1 Lauchstange
½ Sellerie
1 Petersilienwurzel
1 Bund Petersilie
Blätter von einem Zweig Liebstöckel
1 Gläschen Spargelköpfe
Pfeffer, Salz, 1TL Kräutersalz
1 kleine Chilischote
1 Knoblauchzehe
1 ungeschälte Zwiebel
1 EL Hühnerbrühe

Zubereitung:

Suppenhuhn mit ca. 2 l kaltem (!) Wasser bedecken, nach dem ersten Aufkochen Hühnerbrühe zufügen, etwa 2,5 - 3 Stunden leise köcheln lassen, nach dem ersten Aufkochen Hühnerbrühe, Reis zugeben und den in Würfel geschnittenen Sellerie, dann das geputzte, kleingeschnittene Gemüse (außer der Petersilie, die zum Schluss zugefügt wird) und die ungeschälte Zwiebel (wird nach dem Kochvorgang wieder herausgenommen) sowie Knoblauch und Chilischote, alles 15 – 20 Minuten köcheln lassen, zum Schluss Spargel hinzufügen, Huhn herausnehmen, Knochen abtrennen, Huhn kleinschneiden, Fleischstücke wieder in die Suppe geben, die fertige Suppe mit Petersilie bestreuen. Mit Salz, Pfeffer und Kräutersalz abschmecken.

Neunkräutersuppe

Die Neunkräutersuppe wird traditionell in der Fastenzeit als ‚Gründonnerstagssuppe' bezeichnet. Sie setzt sich aus neun Heilpflanzen zusammen und soll mit ihrem Vitamingehalt besonders gut sein gegen Frühjahrsmüdigkeit. Ich folge hier, indem ich Schafgarbe hinzunehme, der österreichischen Variante. Im Prinzip ist es auch jedem selbst überlassen, welche Kräuter genommen werden. Laut Hildegard von Bingen ist es die erste Kraft des Grüns, die eine besonders wohltuende Wirkung haben soll. In die Suppe kommen: Brennessel, Giersch, Gänseblümchen, Löwenzahnblätter, Wegerich, Sauerampfer, Bärlauch, Schafgarbe, Petersilie.

Goethe hatte übrigens den heute eher als Unkraut betrachteten Löwenzahn besonders geschätzt und in seinem Garten am Frauenplan angebaut.

Zutaten:
ca. 300 g Kräuter
2 EL Butter
2 EL Mehl
1 Zwiebel
1 l Gemüsebrühe
½ Becher Sahne
Pfeffer, Salz, Muskat

Zubereitung:

kleingeschnittene Zwiebel in der Butter glasig dünsten, mit Mehl anschwitzen, mit Hälfte der Gemüsebrühe aufgießen und aufkochen lassen. Die kleingeschnittenen Kräuter mit der zweiten Hälfte der Gemüsebrühe und der Sahne hinzugeben. Pürieren, mit Salz, Pfeffer und Muskat abschmecken. Garniert werden kann mit den Blüten von Gänseblümchen.

Pastinakenpüree

Die würzige und nahrhafte Pastinake war zur Goethezeit eins der wichtigsten Gemüse. Heute hat sie scheinbar an Bedeutung verloren, aber man kann sie im Winter und Frühjahr wieder im Angebot der Supermärkte finden. Bestellen lässt sie sich ganzjährig über das Internet. Mit ihrem würzigen und leicht nussigen Aroma passt sie sehr gut zu Kartoffeln und Möhren. Das Pastinakenpüree ist eine ausgezeichnete Beilage zum Beispiel zu Schmorbraten. Damit der Geschmack der Pastinake nicht zu stark wird, habe ich für das Püree halb Pastinake, halb Kartoffel genommen. Als Kräuterzugabe wurden Petersilie und Schnittknoblauch gewählt.

Zutaten:
5 mittelgroße Pastinaken
etwa die gleiche Menge Kartoffeln

ein Stück Sellerie
2 Möhren
½ l Gemüsebrühe
1 EL Butter
Petersilie, Schnittknoblauch
Salz, Pfeffer
Prise Muskat

Zubereitung:
Gemüse gut waschen, kleinschneiden, in Gemüsebrühe gar kochen. Pürieren; mit Salz, Pfeffer und Muskat abschmecken, mit geschmolzener Butter übergießen. Mit Petersilie und Schnittknoblauch garnieren.

Sizilianischer Bauerntopf

„Vom Essen und Trinken hierzuland hab' ich noch nichts gesagt, und doch ist es kein kleiner Artikel. Die Gartenfrüchte sind herrlich, besonders der Salat von Zartheit und Geschmack wie eine Milch; man begreift, warum ihn die Alten Lactuca genannt haben. Das Öl, der Wein alles sehr gut…".

Das berichtet Goethe aus Sizilien (Palermo, 13.4.1787). Sicher wird er auch die nordafrikanischen Einflüsse der sizilianischen Küche gekannt haben wie zum Beispiel beim pikanten ‚Sizilianischen Bauerntopf'.

Zutaten:

750 g Rindfleisch zum Braten

1 Aubergine

3-4 Möhren

2 Tomaten

1 kleine Dose Kichererbsen

1 Fenchelknolle

1 Handvoll grüne Bohnen

½ Tasse Rosinen

5-6 getrocknete Pflaumen

1 große Zwiebel

1 EL Tomatenmark

Salz, Pfeffer

1 kleine Chilischote

1 TL scharfe Paprika

1 TL süße Paprika

1 TL Curry

1 TL Curcuma

Zubereitung:

Fett im großen Topf heiß werden lassen, Rindfleisch in Würfel schneiden, würzen mit Pfeffer und Salz, scharf anbraten, klein geschnittene Zwiebel hinzufügen, alles runterschmoren lassen, Tomatenmark zugeben und leicht mit anbraten, mit 1,5 – 2 l Rinderbrühe aufschütten, die Gewürze hinzufügen und circa 1,5 Stunden köcheln lassen. Rosinen, Backpflaumen, gewaschenes und kleingeschnittenes Gemüse hinzufügen, ½ Stunde langsam weiter köcheln lassen, bis das Gemüse gar ist. Mit Soßenbinder andicken.

Als Beilage zu empfehlen: Kartoffeln oder Hirse.

Fenchel mit Käse überbacken

Fenchel ist ein sehr gesundes Gemüse. Auch das Grün schmeckt lecker. Fenchelknollen können roh, gebraten, gekocht oder gegrillt genossen werden. Die äußerste Blattschicht sollte man entfernen, da sie oft faserig ist und gelegentlich auch braune Flecken hat.

Zutaten:
3 mittelgroße Fenchelknollen
1 kleine Dose geschälte Tomaten
½ Becher Crème fraîche
1 EL Tomatenmark
1 Zitrone
1 Knoblauchzehe
1 Schalotte
Muskatnuss
Salz, Pfeffer
1 Prise Zucker
2 EL Gratin-Käse (oder Parmesan) gerieben
Fenchelgrün

Zubereitung:
Gemüsefenchel unter kaltem Wasser waschen, äußere braune Stellen entfernen, Stiele abschneiden, das Grün zur späteren

Verwendung aufbewahren, Knollen halbieren, in wenig Salzwasser, dem man etwas Zitronensaft beigegeben hat, 15 bis 20 Minuten garkochen. Die Kochbrühe nicht verwerfen. Sie kann für eine Fenchelsuppe verwendet werden.

Geschälte Tomaten mit Crème fraîche und Tomatenmark pürieren, eine geschälte klein geschnittene Schalotte zugeben, mit Salz, Pfeffer, Muskatnuss und einer Prise Zucker abschmecken. Soße in Auflaufform geben, die halbierten oder auch geviertelten Fenchelknollen zugeben, mit Abrieb von etwas Zitronenschale und dem geriebenen Käse überstreuen. Im vorgeheizten Backofen bei starker Hitze 20 Minuten überbacken. Mit Fenchelgrün anrichten und servieren.

Als Beilage zum Fenchelauflauf können z.B. Kartoffeln und Fisch dienen.

Maronen mit Spätzle

Goethe brachte gerne von Wanderungen Pilze mit. Was ihm einmal während der italienischen Reise Verdruss einbrachte. Denn Goethe übergab die ‚Schwämme' dem Koch, und so wurden sie als Delikatesse den versammelten Gästen gereicht. Der Gastgeber war verärgert, dass die Pilze ohne sein Wissen und ohne ‚gehörige Untersuchung' auf die

Tafel gelangt waren. Aber alle haben es überlebt, denn Goethe kannte sich bestens aus.

Wer selbst Maronen sammeln will, sollte sich natürlich ebenfalls damit auskennen. Maronen wie auch Steinpilze sind eigentlich leicht zu erkennen, werden aber oft mit dem Hexenröhrling verwechselt. Der ist roh giftig, verliert jedoch beim Braten oder Kochen sein Gift und gilt dann als delikater Speisepilz. Man erkennt ihn vor allem daran, dass sich die Schnittstelle sofort blau färbt. Problematisch ist dagegen der 'Gemeine Gallenröhrling', der auch manchmal mit der Marone oder dem Steinpilz wegen seines ähnlichen Aussehens verwechselt wird. Er ist völlig ungenießbar und verdirbt mit seinem extrem bitteren Geschmack jede Pilzmahlzeit.

Zutaten:
Maronen oder auch frische Steinpilze
2 EL Butter
1 Zwiebel
1 Knoblauchzehe
1 Becher Sahne
ein Schuss Weißwein
ein Zweig Olivenkraut
ein paar Blätter Pilzkraut
1 Bund Petersilie
Salz, Pfeffer
300 g Spätzle

Zubereitung:

Die Pilze mit einem Pinsel säubern, schadhafte Stellen herausschneiden (auch Schnecken lieben Maronen), in Scheiben schneiden; in einer Pfanne Butter schmelzen, kleingehackte Zwiebel und Knoblauchzehe anbraten, Pilze unter Rühren bei mittlerer Hitze hinzugeben und gar braten. Olivenkraut und Pilzkraut hinzufügen (unterstreicht das feine Pilzaroma); Sahne und Weißwein zugeben, alles ein wenig einkochen lassen, mit Salz und Pfeffer abschmecken. Mit gewaschener, fein gehackter Petersilie überstreuen.

Spätzle zu reichlich kochendem und leicht gesalzenem Wasser (etwa 3 l) geben und 11-13 Minuten auf kleiner Stufe kochen lassen; in ein Sieb abgießen, abtropfen lassen. Nach Geschmack mit zerlassener Butter servieren, sehr gut eignet sich auch Salbeibutter (siehe Rezept S. 82).

Lassen sich keine Maronen oder Steinpilze auftreiben, kann man für dieses Rezept durchaus auch ‚gemeine' Champignons verwenden, am besten dann statt der weißen die braune Variante.

Dicke Bohnen mit Speck

im ‚Wirtshaus an der Lahn' (Lahnstein)

„Ich stieg aus, Basedow vor uns in ein Haus, wo man zu Mittag aß. Überfiel und aß mit, Speck und Bohnen – alle ihm nach! Gewirr und Leben und Freude."

So lautet ein Tagebucheintrag des Schweizer Theologen Lavater. Goethe unternahm mit ihm und dem Merseburger Arzt Carl von Basedow 1774 eine Schiffsreise die Lahn hinab. In Lahnstein, am Wirtshaus an der Lahn, legten sie an. „Leben und Freude" schreibt Lavater. Es muss ihnen also geschmeckt haben. Ebenso der Wein, der damals noch an der Lahn angebaut wurde. Besonders berühmt war der rote Fachbacher.

Kurz bevor sie am Wirtshaus anlegen, passieren sie die Burg Lahneck. Goethe diktiert seinen Begleitern bei dem Anblick ein Gedicht:

„Mein halbes Leben stürmt ich fort, verdehnt die Hälft in Ruh, und du, du Menschenschifflein dort, fahr immer, immer zu."

Im Wirtshaus an der Lahn erinnert die Goethestube an den Aufenthalt. Dicke Bohnen mit Speck gibt es dort als Wintergericht. Im Sommer steht als „Neu-Interpretation des Leibgerichts" von Goethe ,Tafelspitz' auf der Speisekarte, „gefüllt mit Kräutern der ,Frankfurter Grünen Soße' und Weißbrotkrumen, dazu Meerrettich-Soße und Petersilienkartoffeln".

Ich bin natürlich neugierig auf die dicken Bohnen mit Speck und probieren das direkt nach unserer eigenen Lahnreise zu Hause aus.

Zutaten:
500 g dicke Bohnen
250 g durchwachsenen Speck
Frisches oder auch getrocknetes Bohnenkraut
1 Tasse Brühe
Pfeffer, evtl. Salz
1 Zwiebel
1 EL Pflanzenfett
1 EL Speisestärke

Zubereitung:
Fett in einem Topf heiß werden lassen, in Scheiben geschnittenen, durchwachsenen Speck auslassen, klein geschnittene Zwiebel glasig werden lassen, Bohnen hinzufügen, mit

110

Brühe aufschütten, bis die Bohnen bedeckt sind, Bohnenkraut zufügen, leise köcheln lassen, bis die Bohnen gar sind. Mit Pfeffer und evtl. mit Salz abschmecken und mit Speisestärke andicken. Als Beilage empfehlen sich Petersilienkartoffeln.

Der Anbau von dicken Bohnen ist in Europa stark zurückgegangen. Im Supermarkt sind sie selten geworden. Sie werden aber noch in Gläsern angeboten, sind schon weichgekocht. Man lässt sie dann nur kurz aufköcheln und eine Weile ziehen. Wahrscheinlich ist die dicke Bohne etwas in Vergessenheit geraten, weil sie als ‚Arme-Leute-Essen' galt und als Viehfutter eingesetzt wird, weswegen man sie auch ‚Schweinsbohne' nennt. Zu Unrecht. Sie ist lecker, hat eine Renaissance verdient und ist zudem vitamin- und mineralreich und soll mit ihrer Heilwirkung gegen Rheuma und Gicht helfen. Nur roh darf man sie nicht essen, weil sie Toxine enthält, die allerdings beim Kochen (ca. 15 Minuten) abgebaut werden. Goethe wusste diese Hülsenfrucht zu schätzen und hat sie auch in seinen Gärten angebaut.

Dausenauer Dibbedotz

Von Wetzlar aus wanderte der junge Goethe die Lahn am rechten Ufer entlang zum Rhein. „Dem Entschluss nach frei, dem Gefühle nach befangen, in einem Zustande, in welchem uns die Gegenwart der stummlebendigen Natur so wohltätig ist." So beschreibt er es in ‚Dichtung und Wahrheit'. Unterwegs kehrt er in Wirtshäusern ein, bescheidet sich mit dem, was man ‚Arme Leute Essen' nennt. Dazu gehört auch der Dausenauer Dibbedotz, der im Dausenauer ‚Wirtshaus an der Lahn' serviert wird. Im Rheinland wird diese Mahlzeit auch Döppekuchen genannt. Für den hungrigen Wanderer, er legt die 85 Kilometer von Wetzlar nach Lahnstein in drei Tagen zurück, genau das Richtige. Die Dausenauer Gaststube befindet sich in einem alten Fachwerkhaus unmittelbar am Lahnufer. Es ist eine beliebte Einkehrstätte für Fuhrleute und Schiffer. Bis zum Jahr 1935 konnte man dort noch ein kleines Spottgedicht lesen, das Goethe auf die Tischplatte geschrieben hatte. Er hatte sich ausnahmsweise eine Schorle genehmigt, also keinen reinen Wein, und wurde von Tischnachbarn deswegen aufgezogen. Als Antwort schrieb er: „Wasser allein macht stumm, das zeigen im Bach die Fische. Wein allein macht dumm, siehe die Herrn am Tische. Da ich keins von beiden will sein, trink ich Wasser mit Wein."

Zutaten:

1 kg Kartoffeln
2 Zwiebeln
2 Eier
200 g Speck in Würfeln
100 g Haferflocken
Salz, Pfeffer, Muskat
selbst hergestelltes Apfelmus

Zubereitung:

Kartoffeln schälen, raspeln wie zur Herstellung von Reibekuchen. Zwiebeln schälen, klein schneiden, mit den Speckwürfeln im Bräter anbraten. Kartoffelmasse mit einem Leintuch ausdrücken, Flüssigkeit verwerfen (geht aber auch ohne Auspressen). Zu der Masse jetzt Haferflocken zum Abbinden hinzufügen, Eier unterrühren, Salz, Pfeffer, Muskat zufügen. Masse in den Bräter geben, mit den Zwiebeln und dem Speck vermischen. Für etwa zwei Stunden bei 180 Grad im Backofen goldbraun backen. Mit Apfelmus servieren.

Tafelspitz

Zutaten:

½ Kilo bestes Rindfleisch (Tafelspitz)
1 l Rindfleischbrühe
1 Möhre
Saft einer ½ Zitrone

1 Schuss Sahne
½ Glas mittelscharfen Meerrettich
100 g Mehl
2 EL Butter
Salz, Pfeffer

Zubereitung:
Tafelspitz mit Möhre in der Brühe, der Salz und Pfeffer zugegeben wurden, etwa 2 Stunden bei schwacher Hitze gar ziehen lassen; nach Ende der Garzeit in einem zweiten Topf Butter schmelzen, vorsichtig Mehl zufügen und mit dem Quirl verrühren. Mit einem Teil der Brühe aufschütten, bis eine cremige Konsistenz entstanden ist, Meerrettich, dann Sahne zugeben, mit Zitronensaft abschmecken. Fleisch in Scheiben schneiden, in die Soße geben. Die Möhre kommt nicht mit hinein, dient nur als Geschmacksgeber für die Brühe. Als Beilage zum Tafelspitz eignen sich Kartoffeln.

Nach der österreichischen Variante wird der Meerrettich mit einem Apfel, der mit Zitronensaft beträufelt wurde, über den Tafelspitz geraspelt. Will man mit Gemüsebeilage servieren, kann man ½ Stunde vor Ende der Garzeit grob geschnittene Möhren und Zwiebeln zu der Brühe geben.

Sauerbraten

Zutaten:
750 g Rindfleisch
Essig-Wasser (1:1)
½ Tüte Sauerbratengewürz (enthält
Wacholderbeeren, Senfkörner, Lorbeerblatt,
Nelken, Pfefferkörner)
1 Zwiebel
Pfeffer, Salz
½ Tasse Rosinen
1 Scheibe Schwarzbrot
1 EL Bratenfond
Crème fraîche oder Sahne
1 EL Speisestärke

Zubereitung:
Sauerbraten-Sud (Essig-Wasser-Gemisch mit
Gewürz und Zwiebel 2-3 Minuten aufkochen
lassen, erkalten lassen, Fleisch in den Sud
legen (bedeckt), ca. drei Tage ziehen lassen
(Kühlschrank); Fleisch herausnehmen,
trockentupfen, mit Salz und Pfeffer einreiben;
Fett im Bratentopf heiß werden lassen, Fleisch
von beiden Seiten gut anbraten, kurz mit
etwas Wasser ablöschen. Wenn es die
gewünschte Bräune erreicht hat, den Sud, in
dem das Fleisch gelegen hat, zugeben, Rosinen
hinzufügen und den angerührten Bratenfond
und alles ca. 2 Stunden leise köcheln lassen. 1
Scheibe Schwarzbrot ca. zehn Minuten vor
Ende zugeben. Nach Belieben Crème fraîche

oder Sahne hinzufügen, mit Salz und Pfeffer abschmecken. Mit Speisestärke andicken. Bei der rheinischen Küche kommt zum Schluss noch 1 EL Rübenkraut hinzu. Als Beilage empfehlen sich Thüringer Klöße und Apfelrotkohl.

Zupffleisch in Schwarzbier

Zutaten:
500 g Hähnchenbrustfilet
1 EL Tomatenmark
2 EL Balsamicoessig
2 EL Worcestersauce
2 Knoblauchzehen
1 TL Paprikapulver
40 g brauner Zucker
300-400 ml Schwarzbier
2 rote Paprika
2 Zwiebeln
2 Tomaten
Salz, Pfeffer

Zubereitung:
Für die Marinade, in die das Hähnchen-brustfilet gelegt wird, vermischt man in einem Topf Tomatenmark, Balsamicoessig, Worces-tersauce, Paprikapulver, die zerkleinerte Chilischote, den klein geschnittenen

Knoblauch und den Zucker mit einem halben Liter Schwarzbier. Das Brustfilet in dieser Marinade zwei Stunden ziehen lassen (Marinade sollte das Fleisch ganz bedecken). Nun das Fleisch samt Marinade zum Kochen bringen und ca. 1-1,5 Stunden zugedeckt leise köcheln lassen. Ab und zu umrühren und evtl. noch etwas Bier nachgießen, damit das Fleisch bedeckt bleibt. In einer Pfanne in Scheiben geschnittene Zwiebel in Bratfett glasig werden lassen, klein geschnittene Paprika und Tomaten zufügen und gar werden lassen, mit Pfeffer und Salz abschmecken. Das Gemüse dann zu der Marinade hinzufügen. Mit Pfeffer und Salz abschmecken. Zum Servieren das Fleisch mit zwei Gabeln auseinanderzupfen. Als Beilage dient Reis.

Rinderrouladen

Zutaten:
4 Rouladen vom Rind
100 g durchwachsenen Speck
1 große Zwiebel
4 kleine eingelegte Gurken
Pfeffer, Salz, Senf
1 Würfel Fleischbrühe
1 EL Speisestärke

Zubereitung:

Fleisch waschen und trocken tupfen, mit Salz, Pfeffer bestreuen und mit mittelscharfem Senf einreiben. In die Mitte der Roulade kommt ein Stück Zwiebel, eine kleine Scheibe durchwachsenen Speck und ein Stück saure Gurke. Roulade zusammenrollen, mit Garn binden. Im Bräter Fett heiß werden lassen und die Rouladen von allen Seiten gut anbraten. Ab und zu mit etwas Wasser ablöschen und weiter schmoren lassen, bis sie die richtige Bräune erreicht haben. Mit heißer Fleischbrühe begießen, bis das Fleisch gut bedeckt ist. Ca. 2 Stunden leise köcheln lassen. Zum Schluss mit Speisestärke andicken. Mit Salz und Pfeffer abschmecken, evtl. nachwürzen. Als Beilage Petersilienkartoffeln und Leipziger Allerlei (Erbsen, Möhren, Spargel).

Klöße mit Pfifferlingen

Klöße herstellen ist eine Wissenschaft für sich. Es gibt zahlreiche regionale Rezepte und Anweisungen dazu. Zwar kann man es im Supermarkt einfacher haben und das fertige Produkt kaufen, das man dann nur noch in den Topf tun muss. Aber ich wollte es wissen und selber machen. Dazu haben ich bei dem Besuch in Weimar die nahe gelegene ‚Thüringer Kloß-Welt' in Heichelheim besucht. Hier gibt es alles rund um den Kloß, dem

Nationalgericht der Thüringer. Man kann Klöße probieren, ein Museum zur Kloß-Geschichte besuchen, es gibt einen begehbaren Kloß, so dass man die Leckerei auch von innen sieht, und es gibt sogar eine Kloß-Kochschule. Die habe ich allerdings nicht besucht, sondern das Experimentieren in der eigenen Küche vorgezogen und halte mich auch nicht streng an das Thüringer Originalrezept, allein schon um markenrechtlichen Querelen zu entgehen (siehe ‚Frankfurter Grüne Soße‘), sondern variiere. Neben der vielerorts traditionellen Herstellung aus rohen und gekochten Kartoffeln und des damit verbundenen 'technischen' Aufwands, schlage ich eine Variante vor, die etwas bequemer ist und auch lecker schmeckt.

Zutaten für die Klöße:
500 g gekochte Kartoffeln
125 g Mehl
1 Ei
1 Zwiebel
2 EL Butter
1 Brötchen
Salz, Pfeffer
Prise Muskat

Zubereitung:
Gekochte Kartoffeln zu Püree stampfen, kleingehackte Zwiebel in Butter glasig dünsten. Die Kartoffelmasse zusammen mit

Mehl, dem Ei, Salz, Pfeffer, einer Prise Muskat, den gedünsteten Zwiebel und der Butter zu einem Teig kneten. Aus dem Brötchen Würfel schneiden und in Butter rösten. Aus der Teigmasse Knödel formen und die gerösteten Würfel hineinstecken. Klöße erst kurz vor dem Kochen formen, da sonst die Semmelwürfel weich werden. In leicht gesalzenem Wasser 10 bis 15 Minuten sieden lassen. Es empfiehlt sich, einen Probekloß ins kochende Wasser zu legen, um zu sehen, ob er gut zusammenhält. Sonst muss man an dem Teig mit Mehl oder auch Kartoffelmehl noch etwas arbeiten.

Für die Pfifferlinge, die man mit einem Pinsel säubert, stellt man aus Butter und Mehl eine Mehlschwitze her, gibt Sahne, Salz, Pfeffer hinzu und würzt, um den Geschmack der Pilze intensiver zu machen, mit ein paar Blättern Pilzkraut. Die Pfifferlinge werden mit Butter und Speckwürfeln angebraten, und dann lässt man sie in der heißen Soße noch ein paar Minuten ziehen.

Serviettenknödel

Diese Art Knödel zu machen scheint etwas komplizierter, ist aber ganz einfach. Als Knödelmasse werden dieses Mal nicht Kartoffeln genommen, sondern in Milch eingeweichte Brötchen. Serviettenknödel eignen sich hervorragend zu Braten, insbesondere zu Wild.

Zutaten:
6 Brötchen
250 ml Milch
1 EL Mehl
2 Eier
1 Bund Petersilie
etwas Schnittlauch
Salz, Pfeffer

Zubereitung:
Eier mit Milch verrühren, in Würfel geschnittene Brötchen hinzugeben, Salz, Pfeffer, die kleingehackte Petersilie und das Schnittlauch. Alles gut durchkneten und mindestens eine Stunde ziehen lassen. Mehl zugeben und nochmals durchkneten. Hände in kaltes Wasser tauchen, dann einen länglichen Knödel formen. Sauberes Küchentuch in kaltes Wasser tauchen, auswringen. Knödel in das Küchentuch legen und die Enden zubinden, aber so, dass der Knödel beim Aufgehen noch genügend Platz hat. In gesalzenem Wasser etwa ¾ Stunde kochen lassen. Nach dem Herausnehmen kann man den Knödel sehr schön in Scheiben schneiden.

Königsberger Klopse

Zutaten:

250 g Rindergehacktes
100 g gestampfte, gekochte Kartoffeln
1 Brötchen
1 Tasse Milch
1 Sardelle
1 EL Kapern
1 TL Majoranblätter
1 Ei
1 EL Butter
1 EL Mehl
Salz, Pfeffer

Zubereitung:

Rindergehacktes mit klein gezupftem, in Milch eingeweichtem Brötchen, der gestampften Kartoffelmasse, dem Ei, der kleingeschnittenen Sardelle, den Majoranblättern, der Hälfte des Mehls, Salz und Pfeffer gut durchkneten und runde Klößchen formen. In leicht gesalzenem Wasser etwa 15 Minuten bei mittlerer Hitze kochen lassen. In einem zweiten Topf Mehlschwitze (Butter/Mehl) anrichten, mit Kloßbrühe ablöschen. Kapern und Klöße hinzufügen, kurz aufkochen lassen. Als Beilage eignen sich Kartoffeln und eine Gemüsemischung aus Erbsen und Möhren.

Entenbrust in pikanter Orangensoße

Zutaten:
Entenbrust, ca. 400 g
1 TL Majoranblätter
1 Schuss Sojasoße
1 Gläschen Orangenlikör
 Salz, Pfeffer

Zubereitung:
Entenbrust von innen und außen gut waschen, trocken tupfen, innen und außen mit Pfeffer und Salz einreiben, mit Majoranblättern belegen, im Bratentopf bei niedriger Temperatur langsam Fett der Entenbrust auslassen, in dem ausgelassenen Fett schnell anbraten (ca. 2-3 Minuten), etwas Wasser und einen Schuss Sojasoße nachgießen, ca. 30 Minuten köcheln lassen, mit 1 Gläschen Orangenlikör übergießen, weitere 30 Minuten braten. Den Orangenlikör kann man kaufen oder aber auch selbst herstellen (siehe S. 160). Als Beilage eignen sich Kartoffeln und Rotkohl.

Szegediner Gulasch

Zutaten:
500 g Gulasch halb und halb (Schwein/Rind)
100 g durchwachsenen Speck
2 Zwiebeln

123

Fett zum Anbraten
1 L Brühe
Paprika (scharf)
1 EL Tomatenmark
Salz, Pfeffer
Gulaschgewürz
1 kleine Chilischote
1 EL Speisestärke
250 g Sauerkraut
2 EL Wildpreiselbeeren
½ Becher Crème fraîche

Zubereitung:
Fett heiß werden lassen in Kasserolle, Speck in Würfel schneiden, glasig bis goldgelb anbraten, klein geschnittene Zwiebel hinzufügen, Gulasch zugeben, bis sich Poren geschlossen haben und das Fleisch von allen Seiten gebräunt ist, Tomatenmark zugeben, kurz mit anschmoren lassen, salzen und pfeffern und die Gewürze nach Geschmack dazugeben, mit 1 Liter Brühe aufschütten, auf kleiner Stufe ca. 1 Stunde köcheln lassen, Sauerkraut unter Gulasch mischen, eine weitere Stunde köcheln lassen, abschmecken; Speisestärke mit 1 EL Wasser anrühren und unter das Gulasch mischen, aufkochen, bis die Soße gebunden ist, 2 EL Wildpreiselbeeren und Crème fraîche zurühren, endgültig abschmecken. Beilage: Kartoffeln oder Knödel.

Hähnchenbrustfilet mit Feigen und Gorgonzolasoße

Zutaten:

2 Hähnchenbrustfilets
125 g Makkaroni
1 Schalotte
4 frische oder auch getrocknete Feigen
3 Rosmarinzweige
1 EL Bratfett
70 ml Sahne
100 g Gorgonzola ‚pikant'
Saft einer Zitrone
Abrieb einer Zitronenschale
Salz, Pfeffer
50 ml Hühnerfond

Zubereitung:

Makkaroni in Salzwasser garen, Hähnchenbrustfilets waschen, klein schneiden, Schalotte schälen, klein hacken, Rosmarinblättchen abzupfen. Fett in Pfanne erhitzen, Hähnchenfilet anbraten, Feigen und Schalotte hinzufügen, ein paar Minuten anschwitzen, Hühnerfond und Sahne zugeben, aufkochen, Gorgonzola in die Soße geben, Rosmarin und Nudeln zufügen, mit Salz, Pfeffer, Zitronensaft und dem Schalenabrieb abschmecken. Wer es etwas schärfer möchte, kann noch eine kleine Chilischote zugeben.

Hähnchenbrustfilet mit Quittengelee und Ingwer

Für dieses Gericht brauche ich den Quittengelee mit Ingwer (Herstellung siehe S. 169).

Zutaten:
2 Hähnchenbrustfilets
2 EL Butter
Mehl
1 Glas Quittengelee mit Ingwer
Saft einer ½ Zitrone
Salz, Pfeffer
evtl. eine kleine Chilischote

Zubereitung:
Hähnchenbrustfilets waschen, salzen, pfeffern, mit Mehl bestäuben; mit Fett braten. Evtl. eine kleine Chilischote zugeben. Allerdings befindet sich im Quittengelee schon Ingwer, der für eine leichte Schärfe sorgt. Mit dem Quittengelee servieren, wobei man den Gelee in Pfirsichhälften geben kann. Statt Quittengelee passt auch sehr gut Orangengelee (siehe S. 160). Als Beilage können Kartoffeln oder Reis, Erbsen und Möhren dienen.

Hähnchenkeulen mit Koriander

Zutaten:
4 Hähnchenkeulen
Bratfett
Mehl
½ Becher Sahne
2 Zwiebeln
1 Knoblauchzehe
4 EL Olivenöl
2 EL Korianderblätter
1 kleine Chilischote
Salz, Pfeffer

Zubereitung:
Hähnchenkeulen waschen, trocknen, salzen, pfeffern, mit Mehl bestäuben, in Pfanne mit Bratfett kurz anbraten. In Auflaufform Olivenöl und Chilischote geben, Hähnchenkeulen einlegen, in Backofen bei mittlerer Hitze ca. 30 Minuten backen, bis die Hähnchenkeulen eine goldbraune Kruste haben, kleingehackte Zwiebeln, Knoblauch, Koriander und Sahne zufügen, ein paar Minuten weiter backen lassen. Als Beilage eignen sich Reis und in Olivenöl und Sahne gebackene oder kurz angebratene leicht gesalzene Tomaten.

Gefüllte ‚Laubfrösche'

Keine Angst! Hier wird nicht zu chinesischen Rezepten gewechselt und auch nicht zu geheimen Leckereien der Amazonasindianer. Goethes Großmutter nennt in Mangold eingewickelte Füllungen ‚Laubfrösch'. Sie macht dieses Gericht vegetarisch. Als Füllung nimmt sie ‚brosamen', die in süßer Milch eingeweicht werden. Ich variiere das mit Rinderhack und verwende dabei als Kräuter frische, junge Majoranblätter. In die Mangoldblätter lässt sich tatsächlich viel einwickeln. Anna Margaretha Justina Lindheimerin, Goethes Großmutter, bei der er oft zum Essen war, hat die Mangoldwickel in eine ‚breite Eyer-Kachel' gelegt, damit sie nicht auseinanderfallen. Man kann sie auch wie bei den Kohlrouladen mit Garn umwickeln. Als Beilage passt dazu ein Kartoffel/Pastinakenpüree, jeweils halb und halb gemischt.

Wem die vegetarische Variante der Großmutter lieber ist, stellt die Füllung wie folgt her: Brötchen in Milch einweichen, 2 Eier und Mehl hinzufügen, mit Salz, Pfeffer, Muskat und Majoran würzen, alles zu einer einheitlichen Masse kneten.

Mangold enthält u.a. Eisen und viele Vitamine, soll sehr gesund sein und wird auch in der Naturheilkunde angewandt. Da er aber auch Oxalsäure enthält, sollte man ihn nicht zu oft essen.

Ebenso soll die Pastinake, die oft mit der Petersilienwurzel verwechselt wird und ihr vom Aussehen her ähnlich, aber nicht mit ihr identisch ist, sehr gesund sein. Der Kopfteil der Pastinake ist dicker und der Blattansatz im Gegensatz zur Petersilienwurzel eingesunken. Auch im Aroma unterscheiden sie sich. Die Pastinake fällt durch ihren würzigen, nussartigen Geschmack auf.

‚Laubfrosch', gewickelt und geschnürt

Zutaten:
8 Mangoldblätter
250 g Rindergehacktes
1 Bund frischer Majoranblätter
1 Zwiebel
2 Knoblauchzehen

2 EL Butter
1 Ei
1 Brötchen
1 Rolle Ziegenkäse
Milch
Mehl
½ l Gemüsebrühe
Muskat, Salz, Pfeffer

Zubereitung:
Mangoldblätter waschen, Stiele abschneiden, Blätter mit kochendem Wasser überbrühen und mit kaltem Wasser abschrecken. So lassen sich die Blätter leichter wickeln. Rindergehacktes salzen, pfeffern, mit dem eingeweichten Brötchen, dem Ei und dem Majoran gut vermischen. Passende Portionen auf Mangoldblätter geben, einen kleinen Würfel Ziegenkäse zustecken, wickeln, mit Garn schnüren, in Mehl wenden. In Pfanne von beiden Seiten kurz anbraten, dann in der Brühe etwa 25 Minuten garen lassen.

In Pfanne Knoblauch und Zwiebel bei geringer Hitze glasig dünsten, die überschüssigen Mangoldblätter zerkleinern und in der Pfanne mit etwas Brühe dünsten. Mit Pfeffer und Salz abschmecken. Der überschüssige Mangold kann als Gemüse-beilage dienen.

Die gegarten ‚Frösche' mitsamt der Brühe in eine Schüssel geben, in einem Topf aus Mehl und Butter Mehlschwitze anrichten, etwas von der ‚Froschbrühe‚ hinzugeben. In diese cremige Soße die ‚Laubfrösche‚ legen und mit der Soße servieren.

Als Beilage eignen sich Kartoffeln oder Reis. Nimmt man, was besonders pikant ist, Kartoffel/Pastinakenpüree, kann man diesen mit Schnittlauch und Petersilie garnieren. Liebstöckel (sparsam eingesetzt) ist auch gut geeignet.

Kotelett mit Kümmelthymian

Rau und schön wie Korsika, von wo er stammt, ist der Kümmelthymian. An holzigen Stielen stecken kleine Blätter mit dem kombinierten Aroma von Thymian und Kümmel. Die Pflanze breitet sich als Bodengewächs aus und erfreut vom Juni bis Juli mit einem Teppich von dunkelrosa Blüten. Meine Wahl fällt auf ein mit Kümmelthymian gewürztes Kotelett. Goethe, wenn er als Vielgereister zu Hause war, ließ sich zum zweiten kräftigen Frühstück um zehn Uhr neben einer geräucherten Zunge und einem Beafsteak auch ein Kotelett servieren. Goethe aß also ausgesprochen gern und reichlich. Der Dichter Jean Paul schrieb 1798 über ihn: „Auch frisset er entsetzlich viel."

Zutaten:
2 Koteletts
abgestreifte Blätter vom Kümmelthymian
2 EL Butter
Mehl
Gemüsebrühe
Salz, Pfeffer

Zubereitung:
Kotelett salzen und pfeffern, in Mehl wenden, damit sich beim Braten rasch die Poren schließen. In einer Kasserolle aus Butter und Mehl eine Mehlschwitze herstellen, mit verdünnter, heißer Gemüsebrühe zu einer cremigen Konsistenz verrühren, Kümmelthymian hinzugeben. Nachdem die Koteletts durchgebraten sind, die Mehlschwitze hinzufügen und alles ein paar Minuten heiß ziehen lassen. Beilage: Kartoffeln oder Kartoffelpüree, Gemüse nach Wahl, z.B. Erbsen und Möhren.

Hammelfleisch mit Quitten

Zutaten:
300 g Hammelfleisch
Bratfett
300 ml Fleischbrühe
2 Quitten
1 Zwiebel
Eine Handvoll Rosinen

1 EL brauner Zucker
1 kleine Chilischote
Salz, Pfeffer
1 TL Zimt

Zubereitung:
Kleingeschnittene Zwiebel in Bratfett glasig werden lassen, in kleine Würfel geschnittenes Fleisch salzen, pfeffern und zugeben, Fleisch anbraten, etwas Wasser zugeben runterschmoren lassen, Vorgang zweimal wiederholen. Einen EL braunen Zucker zugeben, noch einmal runterschmoren lassen, wobei der Zucker karamellisiert. Mit Brühe aufschütten, Rosinen und Chilischote zufügen. Das Fleisch gar werden lassen. Nun kommen Quittenscheiben und 1 TL Zimt hinzu. Das Ganze dünsten lassen, bis die Quitten weich sind. Als Beilage eignet sich z.B. Reis.

‚Rehbraten' mit Preiselbeeren

Theodor Heuss, der erste Bundespräsident der Bundesrepublik Deutschland, hat die Jagd einmal als eine „Nebenform menschlicher Geisteskrankheit" bezeichnet. Goethe hat, zumindest in seinen jüngeren Jahren, gerne gejagt. Mit dem Gewehr, mit Falke und Uhu. Dass er gezwungen war, an den herzoglichen Jagdgesellschaften teilzunehmen, mag ins Reich der Fabel gehören. Später, mit der

Altersweisheit, wird seine Haltung, so scheint es, kritischer. Im ‚Westöstlichen Divan‘ (Buch der Sprüche) finden sich die Gedichtzeilen: „Als ich einmal eine Spinne erschlagen, dacht' ich, ob ich das wohl gesollt? Hat Gott doch ihr wie mir gewollt einen Anteil an diesen Tagen!“ Rehbraten wird es an der herzoglichen Tafel, an der Goethe oft zu Gast war, sicherlich gegeben haben. Und Goethe als Gourmet hat ihn gewiss auch genossen.

Ich wollte aber nicht den Rücken eines Rehs in den Backofen schieben. Stattdessen kam dort hinein ein speziell als ‚Wildpret‘ zubereiteter Rinderbraten.

Zutaten:
300 g Rinderkeule
Bratfett
Senf
200 g Möhre, Sellerie
1 Lorbeerblatt
Ingwerknolle
1 Zwiebel
1 TL Thymianblätter
Brühe zum Zugießen
20 g Mehl
½ Glas Wildpreiselbeeren
½ Becher Sahne
Saft einer halben Zitrone
Rotwein
Riegel Bitterschokolade
Wildgewürz (gemahlen)

Pfifferlinge
Salz, Pfeffer

Zubereitung:
Rindfleisch klopfen, über Nacht in Rotwein
mit zwei Ingwerscheiben, einem Lorbeerblatt
und zwei Nelken einlegen, herausnehmen, mit
etwas Senf und Wildgewürz (kann man in
Tütchen kaufen) bestreichen, salzen, pfeffern.
Im Schmortopf Speck mit Bratfett
runterschmoren lassen, Rinderkeule darauf
legen, bei starker Hitze schmoren lassen, ab
und zu heißes Wasser nachgießen, Braten
mehrfach wenden. Wenn er schön braun ist,
heißes Wasser nachgießen. Eine große Zwiebel
schälen, vierteln, hinzufügen. Weiter schmoren
lassen, heißes Wasser und ein Glas von der
Rotweinmarinade bis zum Rand des Bratens
zufügen. Möhre und ein Stück Knollensellerie
zugeben. Etwa zwei Stunden köcheln lassen.

Das gar gekochte Fleisch herausnehmen.
Mehlschwitze anrichten (Mehl/Butter), zu der
Bratensoße geben, evtl. etwas Wasser
nachgießen.

Pfifferlinge anbraten, zur Bratensoße geben,
ein paar Minuten kochen lassen. Wildpreiselbeeren, Sahne und Zitronensaft und
einen Riegel Bitterschokolade zufügen. Fleisch
in die Soße legen. Noch einmal kurz
aufkochen. Zum Servieren Fleisch in Portionen
zurechtschneiden, mit Wildpreiselbeeren

garnieren. Als Beilage dienen Klöße und Rotkohl.

Wer das gemahlene Wildgewürz nicht kaufen will, kann die Rotweinmarinade mit Wacholderbeeren, Thymian, Pfefferkörnern und einer Zimtstange bereichern.

Wilder Hahn

Ermutigt durch den ‚Rehbraten' kam danach der ‚Wilde Hahn'. Der Hahn ist natürlich nicht wild, und es ist auch kein Hahn, sondern ein Hähnchen. Genau genommen müsste das Gericht heißen ‚Hähnchen à la Fasan oder Rebhuhn'. Das Hähnchen wird so zubereitet, als hätte es frei und wild in der Natur gelebt.

Zutaten:
1 Hähnchen
100 g Schinkenspeck
1 Tütchen gemahlenes Wildgewürz
Thymian, Rosmarin
2 Lorbeerblätter
1 Knoblauchzehe
3 Schalotten
1 EL Rosinen,
1 Apfel
½ Glas Wildpreiselbeeren
1 Glas Weißwein
Salz, Pfeffer

Zubereitung:
Hähnchen salzen, pfeffern, mit Wildgewürz bestreichen, mit Rosmarin und Thymian bestreuen. In Römertopf Schinkenspeck und Schalotten geben, Lorbeerblätter und Rosinen zufügen. Hähnchen einlegen und im Backofen auf mittlerer Schiene goldbraun braten (ca. 1,5 Stunden bei 180 C°). Dabei ab und zu mit Bratensaft übergießen. Etwa 20 Minuten vor Schluss entkernte, geviertelte Apfelstücke zugeben. Zum Schluss Weißwein und Wildpreiselbeeren. Als Beilage können Rosmarinkartoffeln dienen.

Kaninchenkeulen

Zutaten:
2 Kaninchenkeulen
Essigbeize
2 Knoblauchzehen
Bratfett
2 Möhren
2 Stangensellerie
1 EL Butter
Soßenbinder
150 ml Gemüsebrühe
1 kleine Chilischote
1 Lorbeerblatt
½ Becher Kochsahne
Salz, Pfeffer

Zubereitung:

Kaninchenkeulen über Nacht in Essigbeize legen. Die Essigbeize wird hergestellt aus gleichen Teilen Essig (z.B. Weinessig) und Wasser. Hinzu kommen ein Lorbeerblatt, Salz, Pfeffer, 6 Wacholderbeeren, eine in Scheiben geschnittene Zwiebel.

Bratfett und Butter in Schmortopf geben, Speckwürfel auslassen, kleingehackten Knoblauch und Chilischote zugeben, Kaninchenkeulen trocken tupfen, mit Pfeffer, Salz und Senf bestreichen, von allen Seiten anschmoren, schön braun werden lassen, heiße Gemüsebrühe zugeben, zugedeckt etwa 40 Minuten köcheln lassen. Eine halbe Stunde vor Garende zwei kleingeschnittene Möhren und in Scheiben geschnittenen Stangensellerie zufügen. Eventuell noch etwas von der Beize zugießen. Zum Schluss mit Soßenbinder andicken, nach Geschmack Kochsahne hinzufügen oder Crème fraîche. Mit Salz und Pfeffer abschmecken. Beim Anrichten auf dem Teller mit der Bratensoße übergießen. Als Beilage eignen sich Rotkohl und Knödel, z.B. Serviettenknödel. Ebenso passend auch Pastinakenpüree.

Gefüllte Zucchinis

Zutaten:
1 EL Olivenöl
2 große Zucchinis
250 g Rinderhack
1 Becher Crème fraîche
1 Dose geschälte, gehackte Tomaten
1 Streifen Tomatenmark
1 EL Thymianblätter
1 EL Basilikumblätter
1 Knoblauchzehe
3 EL Parmesankäse

Zubereitung:
Zucchinis waschen, der Länge nach halbieren, mit einem Löffel aushöhlen. Hackfleisch salzen, pfeffern, mit Thymian und klein gehacktem Knoblauch versehen. Als Füllung in die ausgehöhlten Zucchinis streichen. Soße anrichten aus Olivenöl, Crème fraîche, den Tomaten, Tomatenmark und Basilikum. In Auflaufform geben, gefüllte Zucchinis einlegen, mit Parmesankäse überstreuen, bei mittlerer Hitze ca. 45 Minuten im Ofen backen. Als Beilage Reis oder Kartoffelpüree.

Kohlrouladen

Zutaten:
Bratfett
300 Rindergehacktes
1 Scheibe Schwarzbrot
1 Tasse Gemüsebrühe
½ Tasse Milch
1 EL Speisestärke
1 Zwiebel
1 Ei
1 kleiner Wirsing- oder Weißkohl
50 g durchwachsener Speck
2 Tomaten
Pfeffer, Salz
1 TL Majoran
1 TL Paprikagewürz (scharf)
1 Knoblauchzehe
1 kleine Chilischote

Zubereitung:
Die Kohlblätter vom Strunk lösen, gut waschen, 3-4 Minuten in kochendes Salzwasser legen, herausnehmen, kalt abschrecken und trocken tupfen. Für die Füllung Gehacktes in eine Schüssel geben, Salz, Pfeffer, Paprika, Majoran, Knoblauch, kleingehackte Zwiebel und eine in Milch eingeweichte Scheibe Schwarzbrot, die ausgepresst wird, hinzufügen. Alles gründlich verkneten. Evtl. mit Salz und Pfeffer nachwürzen. Die Fleischmasse in Kohlblätter

einwickeln und mit Faden binden. Speckwürfel in einem großen Topf auslassen, evtl. Butter hinzufügen und die Kohlwickel auf den Speck legen. Leicht anbräunen lassen, die klein gewürfelten Tomaten zugeben, mit einer Tasse Gemüsebrühe aufschütten, ½ bis eine ¾ Stunde leise köcheln lassen. Kohlrouladen herausnehmen, Soße im Topf mit Speisestärke anbinden. Nach Geschmack evtl. mit einem Schuss Sahne verfeinern. Kohlrouladen wieder in den Topf legen, ein paar Minuten in der Soße ziehen lassen. Als Beilage eignen sich Kartoffeln.

Lachs, Kartoffelpüree mit Salbeibutter

Goethes Großmutter wie auch seine Mutter werden ihren ‚Hätschelhans', wie sie ihn nannten, oft mit Fischgerichten versorgt haben. Auf dem Speisezettel standen vor allem Hecht, Karpfen, Forelle, Aal und Lachs, der damals noch reichlich gefangen wurde. Der jährliche Lachsaufstieg im Rhein betrug noch mehrere hunderttausend Fische. So findet sich in den Aufzeichnungen des Straßburger Fischers Leonhard Baldner, dass 1647 an einem Tag 143 Lachse verkauft worden sind, die größten davon „biß uff einen halben Centner schwer". Mit der Industrialisierung kam der Zusammenbruch des Bestandes. Goethe war nicht unbedingt ein Freund der Romantiker, aber in diesem Punkt war er sich mit ihnen einig, dass die sich anbahnende industrialisierte Welt eine unerfreuliche Seite haben wird.

Wie nun hat Goethes Großmutter den Lachs zubereitet? In ihrem Kochbuch findet man die Anweisung dazu: „leg eine handt voll peterlein in die Pfann, leg daß stuck darauf, thue halb Wein und Essig daran auch saltz."

Mit dem ‚peterlein', der Petersilie, will ich ihr folgen, bringe sie aber erst zum Schluss in die Pfanne. Auch lösche ich den Salm nach dem Braten mit Wein. Statt Essig nehme ich Zitrone und variiere die Zubereitung auch sonst noch.

Zutaten:
2 Lachsfilets
Olivenöl
½ Becher Sahne
1 Bund Petersilie
Saft einer halben Zitrone
einen Schuss Weißwein
Salz, Pfeffer
Herstellung der Salbeibutter (siehe S. 82)

Zubereitung:
Filets waschen, trocken tupfen, salzen, pfeffern. Mit Olivenöl braten, mit Weißwein löschen, Sahne und kleingehackte Petersilie zufügen, ziehen lassen. Kartoffelpüree bereitet man selbstverständlich aus Kartoffeln und

142

Milch, übergießt das Püree mit heißer Salbeibutter und garniert mit Schnittlauch. Als Gemüsebeilage dienen gedünstete Zucchinischeiben.

Rotbarschfilet mit Ysop

Zutaten:
2 Rotbarschfilets
Bratfett
1 EL Butter
1 TL Ysopblätter
Mehl
ein Schuss Weißwein
1 Becher Sahne
Saft einer halben Zitrone
1 kleine Chilischote
Salz, Pfeffer
evtl. eine Knoblauchzehe

Zubereitung:
Filets waschen, trocken tupfen, salzen, pfeffern, in Mehl wenden, mit Ysopblättern (sparsam verwenden) belegen. Fett und Butter in Pfanne erhitzen, Chilischote zugeben, Filets von beiden Seiten 10-12 Minuten bei mittlerer Hitze braten. Mit einem Schuss Weißwein löschen, ½ Becher Sahne zugeben. 1-2 Minuten ziehen lassen. Erst zum Servieren mit Zitronensaft beträufeln (fügt man vor dem Braten Zitronensaft hinzu, kann der Fisch

leicht zerfallen). Als Beilage können Kartoffelpüree mit Salbeibutter und in Olivenöl und Sahne gedünstete Zucchinischeiben dienen.

Gebratene Forelle mit Schnittlauch

Zutaten:
2 Forellen
1 EL Schnittlauch
1 Knoblauchzehe
2 Zitronenscheiben
2 EL Butter
Mehl
Mandelsplitter
Salz, Pfeffer

Zubereitung:
Forellen waschen, trocken tupfen, salzen und pfeffern, innen mit Schnittlauch füllen. Forellen in Mehl wenden. Butter in Pfanne erhitzen, Forellen ca. 5 Minuten auf beiden Seiten goldbraun braten. Zum Servieren mit heißer, ausgelassener Butter übergießen und mit Zitronenscheiben und Mandelsplittern garnieren. Als Beilage Petersilienkartoffeln und in Butter und Sahne gedünstete Möhrenscheiben.

Seeteufelfilet mit Salicornia

„Fische die besten, die zartesten!" Das schreibt Goethe aus Palermo, wie er überhaupt oft genug die Früchte des Meeres preist. Auch zu Hause in Weimar werden die verschiedensten Fischgerichte auf den Tisch gekommen sein. Wahrscheinlich hat er auch Salicornia gekannt, der im Volksmund auch Queller oder Meeresspargel genannt wird. Schließlich wird es kaum etwas Leckeres gegeben haben, das nicht bei ihm oder an der herzoglichen Tafel, wo er oft eingeladen war, serviert wurde. Statt Seeteufel kann man natürlich auch andere zarte Fischfilets wählen, z.B. Scholle, Steinbutt oder Rotbarsch. Den Queller bekommt man meist an Fischtheken mit einem größeren Angebot. Queller ist als Salzwiesenpflanze vor allem auf der Nordhalbkugel verbreitet, findet sich besonders im Watt an den Meeresküsten oder im Inland an den Rändern salziger Seen. In Deutschland wird der Queller nicht mehr geerntet, da das Wattenmeer unter Naturschutz steht. In Frankreich dagegen wird er kommerziell angebaut und weltweit als Gourmetgemüse verschickt.

Queller lässt sich roh wie auch gedünstet genießen. Er hat einen knackigen, salzigen Geschmack mit einer leicht pfeffrigen Note und eignet sich bestens als Beilage zu Fischgerichten. Aber auch als Salat ist er etwas

Besonderes. Nach meiner Erfahrung schmeckt er sehr gut mit einer Vinaigrette aus mildem Joghurt, Zitronen- oder Limettensaft und etwas Kürbiskernöl.

Salz kommt natürlich nicht hinzu. Das bringt der Queller mit. Als Beilage zu Fischgerichten wird er in Butter gedünstet. Zu dem hier vorgeschlagenen Gericht passt als weitere Beilage Kartoffelpüree mit Salbeibutter.

Queller

Zutaten:
2 Seeteufel- oder Schollenfilets
80 g Queller
1 Zitrone oder Limette
8 mittelgroße Kartoffeln
Milch

Butter
Salbei
Petersilie
Pfeffer
Muskat
Weißwein

Zubereitung:
Queller waschen, mit Küchentuch trocken
tupfen, in Butter dünsten. Für die Salbeibutter
siehe Rezept S. 82. Kartoffelpüree mit Milch
zubereiten, mit Salz, Pfeffer und Muskat
würzen, mit Salbeibutter übergießen und mit
Petersilie garnieren. Fischfilets salzen, pfeffern,
in Butter anbraten, wenden, fertig garen. Vor
dem Servieren Queller mit Zitronen- oder
Limettensaft beträufeln.

Muscheln mit Rosmarinkartoffeln

Aus Italien berichtet Goethe von den feinsten
Muscheln, die ihm dort vorgesetzt wurden.
Für meinen Rezeptvorschlag nehme ich die
heimische Miesmuschel und serviere sie
zusammen mit in Rosmarinöl gebackenen
Kartoffeln.

Zutaten:
1 Packung Miesmuscheln
8 mittelgroße Kartoffeln
3 EL Olivenöl

1 l Gemüsebrühe
100 ml Weißwein
Rosmarinnadeln von 3 Zweigen
1 Zwiebel
1 Lorbeerblatt
1 Bund Petersilie
2 Knoblauchzehen
Salz, Pfeffer, evtl. Chilischote

Zubereitung:

Kartoffeln mit der Schale waschen und abbürsten, in Viertel schneiden. In Auflaufform Olivenöl, Rosmarinnadeln, Salz und etwas Pfeffer mischen, Kartoffeln zulegen, im vorgeheizten Backofen etwa 20 Minuten backen. Im Topf kleingehackte Zwiebel und Knoblauchzehen mit Olivenöl glasig dünsten, mit Gemüsebrühe auffüllen, Lorbeerblatt, Pfeffer und evtl. eine kleine Chilischote zugeben. Muscheln in die kochende Brühe geben, köcheln lassen, bis sie sich geöffnet haben. Muscheln mit kleingehackter Petersilie anrichten und zusammen mit den Rosmarinkartoffeln servieren. Für Knoblauchliebhaber, zu denen Goethe allerdings nicht gehörte, passt auch gut Aioli dazu, das man aus Eigelb, Zitronensaft, Sonnenblumenöl und Knoblauch mit dem Quirl selbst herstellen kann.

Tschebureki

Tschebureki-Teigtaschen

Als Minister für innere und äußere Angelegenheiten musste Goethe sich intensiv mit dem russischen Zarenreich befassen. Das russische Kaiserhaus war mit vielen deutschen Häusern verschwägert. Kaiserin Katharina II. war eine deutsche Prinzessin. Eine ihrer Töchter heiratete den Großherzog Friedrich von Sachsen-Weimar. Goethe selbst pflegte eine Freundschaft mit dem russischen Dichter Schukowski und stand auch im Briefwechsel mit russischen Ministern. Russische Besuche in Weimar waren an der Tagesordnung. Sicherlich wird es auch einen kulinarischen Austausch gegeben haben. Deswegen kommt in diese Sammlung auch ein russisches

Nationalgericht auf: Чебуреки – Tschebureki, ein einfaches und leckeres Teigtaschenrezept.

Zutaten:
6 EL Weizenmehl
100 g Butter
1 Glas warme Buttermilch
2 Eier
1 TL Salz
3 Zwiebeln
500 g Hackfleisch
1 TL Majoran
Salz, Pfeffer
Öl zum Frittieren

Zubereitung:
Für den Teig Mehl und Butter verkneten, Buttermilch und Salz zugeben, dann die Eier. Evtl. auch etwas Wasser oder auch noch Mehl, um einen formbaren Teig zu bekommen. Hieraus nimmt man kleine Kugeln, rollt sie flach aus wie zu kleinen Pfannekuchen. Für die Füllung hackt man die Zwiebeln klein, vermischt sie mit dem Hackfleisch, würzt mit Salz, Pfeffer und Majoran. Die Küchlein werden mit der Füllung belegt und zu Taschen zusammengeklappt, verschlossen und mit Mehl bestäubt. In der Pfanne brät man sie von beiden Seiten goldgelb.

Geflügelsalat

Einen Teil des Suppenhuhns (vom Rezept ‚Hühnersuppe mit Petersilienwurzel', S. 99) wird für einen Geflügelsalat verwendet.

Zutaten:
Hühnerfleisch
1 Gläschen Spargel
1 Bund Petersilie (man kann das Grün von der Petersilienwurzel nehmen)
1 kleine Dose Champignons
ein paar kleingehackte Blätter vom Pilzkraut
1 Handvoll kleingehackte Walnüsse
1 Mandarine
Saft einer halben Zitrone
Mayonnaise
Pfeffer, Salz

Zubereitung:
Alles zusammen in eine Schüssel geben, mit Mayonnaise, Pfeffer und Salz abschmecken, etwa 1 Stunde ziehen lassen.

Vinaigrette mit Kürbiskernöl

Zutaten:
2 EL Olivenöl
1 EL Kürbiskernöl
1 TL scharfer Senf
1 EL Balsamico

2 TL Honig
1 Knoblauchzehe
1 Prise Salz
1 Prise Pfeffer

Zubereitung:
Öle mischen, Balsamico zugeben, Senf und gepresste Knoblauchzehe einrühren, Honig hinzufügen, Salz und Pfeffer. Schmeckt sehr gut zu Blattsalaten.

Rapontica-Salat

Die Wurzel der Rapontica (auch ‚gemeine Nachtkerze' genannt) muss man wie Goethe selbst ziehen. Kaufen kann man die Pfahlwurzel nicht, nur der Samen lässt sich im Internet bestellen. Eingesät wird in sandigen Boden. Die Pflanze liebt einen sonnigen Standort. Zur Goethezeit galt Rapontica als Gourmetgemüse. Aus der Mode gekommen ist sie wohl, weil das Schälen der an Ginseng erinnernden Wurzel mühsam ist. Sie zählt zu den vergessenen Gemüsepflanzen, schmeckt in etwa wie die Schwarzwurzel, hat aber noch eine Note von Sellerie.

Neben einem Kasten „voll köstlicher, gefüllter Federnelken" schickt der wieder mal auswärts weilende Goethe seiner Frau mit dem Begleitbrief vom 30.3.1810 auch

Rapontica-Samen: „Auch lege ich Rapontica-Samen bei, davon Du die Hälfte jetzt auf ein wohlbestelltes Ländchen säen kannst, die andere Hälfte erst im Mai auf ein anderes."

Heute noch bekannt ist die auch als Heilmittel verwendete Pflanze vor allem im Kosmetikbereich als Nachtkerzenöl, das aus den Samen gewonnen wird. Die Wurzel ist nur im ersten Jahr zu verwenden (Herbst bis Frühjahr). Im zweiten Jahr verholzt sie.

Ursprünglich kam Rapontica im 17. Jahrhundert aus Nordamerika, galt bei den Indianern als Heilpflanze. In Europa wurde sie zunächst wegen ihrer schönen gelben Blüten, die sich erst am Abend öffnen, in Gärten kultiviert, verwilderte aber auch und verbreitete sich insbesondere entlang von Eisenbahnschienen, weswegen sie manchmal auch als ,Eisenbahnpflanze' bezeichnet wird. Man kann die Wurzel roh oder gekocht genießen. Sie lässt sich behandeln wie die Schwarzwurzel.

Zutaten:
Raponticawurzeln
Salatblätter (z.B. Feldsalat)
Vinaigrette wie auf S. 151 beschrieben
Radieschen

Zubereitung:
Wurzeln waschen, schälen, in dünne Scheiben schneiden, unter Salatblättern mischen,

Vinaigrette hinzugeben, mit Radieschen garnieren. Man kann die Raponticawurzel auch in Gemüsebrühe al dente garen und dann als Salat anrichten.

Kressesalat

Zutaten:
1 Schale Kresse
2 Romasalate
1 Bund Radieschen
1 EL Sahne
2 EL Rapsöl
1 EL Kürbiskernöl
1 EL Himbeeressig
1 Prise Salz und Pfeffer

Zubereitung:
Die Kresse kalt abwaschen, gut abtropfen und trocknen lassen. Die Blätter des Romasalates abzupfen, waschen, trocken schleudern. Die Radieschen nach dem Waschen in feine Scheiben schneiden.

Das Öl mit dem Himbeeressig, und einer Prise Salz und Pfeffer verrühren. Sahne hinzugeben. Dann die Kresse, den Salat und die Radieschen unter die Sauce heben.

Den Himbeeressig kann man sich aus einer Mischung Himbeersirup und Weinessig leicht selbst herstellen.

Zwiebelsalat

Zutaten:

3 große Gemüsezwiebeln
½ l kochendes Wasser
300 g Ananasstücke
2 EL Ananassaft
3 EL Olivenöl
2 EL Mayonnaise
Saft einer halben Zitrone
eine kleine Chilischote
1 Prise Salz und Pfeffer
2 TL Curry
1 TL Worcestersoße
1 TL Paprika edelsüß

Zubereitung:

Die Zwiebeln schälen und in Ringe schneiden, in einer Schüssel mit kochendem Wasser übergießen und 2 Min. ziehen lassen. Wasser abgießen, Zwiebeln kalt werden lassen. In einer zweiten Schüssel Mayonnaise, Ananas- und Zitronensaft, Chili, Öl, Worcestersoße und Gewürze verrühren, mit Salz und Pfeffer abschmecken. Zwiebel und Ananasstücke zugeben. Zugedeckt im Kühlschrank 2 Stunden ziehen lassen. Mit Petersilie garniert servieren.

Fenchelsalat

Fenchel kann roh, gekocht und gedünstet zubereitet werden. Beim Garen verliert er allerdings weitgehend seinen anisartigen Geschmack. Die Knollen waschen, den Wurzelansatz glatt schneiden, Stiele entfernen, das zarte, gefiederte Grün aufbewahren zur späteren Verwendung. Für Salate kann die Knolle in Scheiben geschnitten oder geraspelt werden. Bereitet man einen Salat mit gekochtem Fenchel, wird die halbierte Knolle etwa 20 Minuten in Salzwasser gar gekocht.

Zutaten (für einen bunten Fenchelsalat):
2 Fenchelknollen
1 rote Paprika
1 Romasalat
1 Zwiebel
1 EL Zitronensaft
1 EL Öl
100 ml süße Sahne
1 TL scharfen Senf
1 TL Honig
1 TL Senf
Schnittlauch
Fenchelgrün

Zubereitung:
Bei den Fenchelknollen Stiele und Blätter mit braunen Flecken entfernen, die grünen, gefiederten Blätter aufbewahren, Fenchel quer

zu den Stielen in feine Streifen oder Ringe schneiden; Zwiebel kleinhacken, zufügen, Fenchel mit Salatblättern umrahmen, Paprikaschote in Ringe schneiden, hinzulegen; aus der Sahne, Senf, Zitronensaft, Honig und Öl eine Vinaigrette herstellen, mit Salz und Pfeffer abschmecken, Vinaigrette über den Salat gießen, 20 Minuten stehen lassen, damit der Fenchel etwas weicher wird. Mit Fenchelgrün überstreut servieren.

Zucchini-Spaghetti mit Rettichkresse

Zutaten:
1 Zucchini
1 EL Rote-Rettich-Kresse
1 EL Schnittknoblauch
1 EL Himbeeressig
Blüte von Kapuzinerkresse
Prise Salz, Pfeffer

Zubereitung:
Die Zucchini mit einem Spiralschneider (Slicer) zu Spaghettis schneiden, Rote-Rettichkresse, Schnittknoblauch und Himbeeressig (Herstellung siehe S. 154, Kressesalat) zufügen, mit Salz und Pfeffer abschmecken. Mit einer (essbaren) Blüte von Kapuzinerkresse dekoriert servieren.

Salzburger Nockerln

Ob Goethe Salzburger Nockerl gekannt hat? Vermutlich ja. Schließlich kannte er den Salzburger Arzt F.H. Jacobi, hat manche Reise mit ihm unternommen und stand auch in regem Briefwechsel mit dessen Ehefrau, die er in einem der Briefe ein ,genialisches Weib' nannte. Gemocht hätte er die berühmte Eierspeise auf jeden Fall.

Zutaten:
4 Eier
40 g Zucker
1/5 Stange Vanille (oder 1 TL Vanillezucker)
15 g Mehl
25 g Butter

Zubereitung:
Eiweiß zu steifem Schnee schlagen, Zucker mit dem Mark der Vanillestange zugeben, schlagen bis der Schnee schnittfest ist, schaumig gerührtes Eigelb und Mehl unterheben. In flacher Form Butter zerlassen, im Backofen bei etwa 160 Grad goldgelb backen. Mit Puderzucker bestreuen.

Marillenknödel

Zutaten:
4 Marillen (kleine Aprikosen)
100 g Quark
125 g Mehl
1 Ei
50 g Butter
75 g Zucker
Würfelzucker
Vanille Soße
100 g Wildpreiselbeeren

Zubereitung:
Den Quark mit Mehl, Ei, Butter und Zucker zu einem Teig verrühren, für 2 Stunden in den Kühlschrank stellen. Marillen waschen, zu Hälften aufschneiden, entkernen. Den Teig zu vier Fladen formen, jeweils eine Marille auflegen, die jetzt statt des Kerns ein Stück Würfelzucker bekommt. Den Teig über den Marillen zu einem Knödel formen. Wasser mit einer Prise Salz in einem Topf aufkochen, die Knödel einlegen und etwas unter dem Siedepunkt für 25 Minuten gar werden lassen.
Mit Wildpreiselbeeren und Vanillesoße servieren.

Orangengelee mit Ingwer

Zutaten:
1 l Orangensaft, frisch gepresst
500 ml Gelierzucker
Saft einer Zitrone
Abrieb einer Zitronenschale
Nach Belieben ein Gläschen Orangenlikör
1 kleine Chilischote
Kleines Stück geriebenen Ingwer

Zubereitung:
Alle Zutaten in einem Topf verrühren, ca. 2 Stunden stehen lassen, 3-5 Minuten kochen, in heiße, saubere Gläser füllen, verschließen, mit dem Deckel nach unten abkühlen lassen. Den Orangenlikör setzt man vorher selbst an (siehe nachfolgendes Rezept).

Orangenlikör

Zwei Varianten wurden ausprobiert. Bei der ersten nimmt man eine unbehandelte Orange, waschen, nicht schälen, rundherum mit 40 Kaffeebohnen spicken, in Einmachglas legen, nach Geschmack braunen Zucker zufügen, Apfelsine mit Wodka bedecken, Glas verschließen, 14 Tage ruhen lassen. Apfelsine samt Kaffeebohnen herausnehmen.

Die zweite Variante:

Zutaten:
1 Ingwerknolle
4 Orangen
½ Tütchen Vanillezucker
200 g   Zucker
400 ml Wasser
1 Flasche Wodka

Zubereitung:
Ingwer schälen und raspeln. Orangen heiß waschen, klein schneiden. Ingwer, Orangen und Vanillezucker 10 – 15 Minuten in Wasser kochen. Zucker zugeben, weiterkochen, um den Sud etwas anzudicken. Abkühlen lassen, Wodka zugeben, 6 Wochen bei Zimmertemperatur verschlossen stehen lassen. Filtrieren, in Flaschen füllen.

Schokoladenmousse mit Feigenmus

Feigenbaum

Goethe liebte Feigen. Schon am Anfang seiner Italienreise, er ist in Torbole am Gardasee, preist er nicht nur den Ausblick, sondern ist auch fasziniert von den Feigenbäumen, die seinen Weg säumen. Er sieht einer Einladung entgegen und freut sich auf die „kleinen, weißen Feigen ... welche mir die Gräfin Lanthieri verheißen hatte." Die Italienreise ist gewiss auch der Anlass gewesen, im eigenen Garten am Weimarer Frauenplan selbst Feigenbäume zu pflanzen.

Hat man saisonbedingt keine frischen Feigen, kann man für das folgende Dessert auch getrocknete nehmen, die man über Nacht in Portwein eingelegt hat.

Zutaten:
2 Eier
1 EL Puderzucker
100 g bittere Schokolade
100 g süße Sahne
8 Feigen

Zubereitung:
Getrocknete Feigen über Nacht in Portwein legen und später für das Mousse pürieren.

Eigelb mit Puderzucker zu einer Creme verrühren. Schokolade im Wasserbad schmelzen, Eiweiß und Sahne steif schlagen. Alles zur Eigelbcreme geben, verrühren und kühl stellen. Mit Sahne und einer Rosette Waldmeister garnieren.

Feigenmus passt geschmacklich auch sehr gut zu Vanilleeis.

Feigenkronen mit Vanillecreme

Im August bekommt man frische Feigen eventuell im Supermarkt oder aber im türkischen Gemüseladen. Ich serviere die frischen Feigen mit einer Vanillecreme-Füllung. Ebenso kann man auch steif geschlagene Sahne nehmen.

Feigen/Feigenkrone

Zutaten:

6 Feigen
300 ml Milch
1 Tüte Cremepulver Vanille
200 g Quark
1 Riegel Schokolade (zartbitter)
6 Borretschblüten

Zubereitung:

Die Feigen viermal kreuzweise bis kurz vor
die Basis schneiden (Schnitte von der Spitze
her führen), Teile zu einer Krone aufklappen.
Vanille-Quarkcreme herstellen (siehe
Blaubeer-Creme-Dessert) und mit einem
Teelöffel einfüllen. Schokolade darüber
raspeln, mit einer Borretschblüte garniert
servieren.

164

Tiramisu

Zutaten:
200 g italienische Löffelbiskuits
200 g Mascarpone (italienischer
Sahnefrischkäse)
2 Eier
50 g Zucker
1 Tasse Kaffee
20 g Kakaopulver

Zubereitung:
Eigelb und Eiweiß trennen, Eiweiß schaumig
schlagen; Mascarpone mit dem Eigelb und
dem Zucker schaumig rühren, steif
geschlagenen Eischnee vorsichtig darunter
mischen; Löffelbiskuits in Kaffee tauchen,
dann auf dem Boden einer flachen
Auflaufform auslegen, mit der Hälfte der
Mascarpone-Creme bedecken, glatt streichen,
eine weitere Lage in Kaffee getauchter Biskuits
auflegen, mit einer Lage Mascarpone-Creme
abschließen, Kakaopulver überstreuen; in den
Kühlschrank stellen, kalt servieren.

Pochierte Birne mit Portweinsoße

Bei Goethe, der zum Frühstück ein Glas
Madeira trank, hätten Kinder an diesem
Dessert teilhaben können. Heute geht das

nicht mehr. Zum Servieren der Birnen nehme ich eine Soße mit leckerem Portwein. Pochieren bedeutet nichts anderes, als dass die Birnen in heißes Wasser (60-75 C°) gelegt werden. So beginnt auch der französische Dessert-Klassiker ‚Birne Helene' (‚Poire belle Hélène'). Die heißt so, weil der sie kreierende Koch die Hauptdarstellerin aus Offenbachs Operette ‚Die schöne Helena' verehrte. Bei Loriot verursacht die ‚Birne Helene' in der Filmkomödie ‚Pappa ante Portas' einen Streit um das richtige Rezept.

Zutaten:
2 ausgereifte Birnen
½ Becher Sahne
1 Eigelb
Saft einer Zitrone
1 EL Zucker
Abrieb von einem Stück Zitronenschale
geraspelter Ingwer
1 Zimtstange
1 TL Stärkemehl
1 Glas Portwein

Zubereitung:
Die Birnen waschen, schälen, vierteln, Stiel, Kerngehäuse und Blütenansätze entfernen. Birnen ca. 20 Minuten pochieren. Zu dem heißen Wasser, das die Birnen bedeckt, habe ich eine Zimtstange, Saft einer Zitrone und Zucker gegeben. Für die Soße gibt man die

166

Sahne, den Zitronenabrieb, das Eigelb, etwas geraspelten Ingwer und den Portwein in einen Topf, rührt das Stärkemehl hinzu und lässt alles unter Rühren bei geringer Hitze aufkochen. Wer es etwas schärfer liebt, kann noch eine kleine Chilischote hinzugeben. Birnen aus dem Wasser nehmen, abtropfen lassen, mit der Portweinsoße übergießen und servieren.

Mascarpone mit Dattelmus

Zutaten:
10 Datteln
250 g Mascarpone
2 Eier
30 g Zucker
100 ml Portwein
Kakaopulver
Zubereitung:
Datteln entkernen, über Nacht in Portwein einlegen, pürieren. Eigelb und Eiweiß trennen, Eiweiß schaumig schlagen, Mascarpone mit dem Eigelb, dem Zucker und dem Dattelmus verrühren, steif geschlagenen Eischnee vorsichtig daruntermischen. In den Kühlschrank stellen, zum Servieren mit Kakaopulver überstreuen, mit Amaretti-Gebäck und Zitronenmelisse garnieren.

Bratapfel mit Wildpreiselbeeren

Zutaten:
2 Äpfel (z.B. roter Boskop)
4 EL Wildpreiselbeeren
1 EL Butter
Vanillesoße

Zubereitung:
Äpfel waschen, Kerngehäuse ausstechen, mit Teelöffel Wildpreiselbeeren in die Öffnung füllen. Flocken aus Butter aufsetzen. Die Äpfel kommen auf ein gefettetes Backblech oder in eine gefettete Auflaufform und werden im vorgeheizten Backofen bei 200 °C etwa 25 Minuten gebacken. Man kann sie mit heißer oder auch kalter Vanillesoße servieren. Die gibt es fertig im Supermarkt. Man kann sie aber auch leicht selbst herstellen. Für die Soße wird Speisestärke mit einem Eigelb in etwas Milch angerührt. Eine andere Portion Milch (etwa 200 ml) wird mit Zucker (etwa 10 Gramm) und mit einem Tütchen Vanillezucker zum Kochen gebracht. Nun die Speisestärke zugießen und kurz aufkochen lassen.

Bratäpfel eignen sich sehr gut als Beilage zu Wild.

Quittengelee mit Ingwer

Quitten

Eigentlich ist die Quitte eine uralte, aus Persien bzw. dem Iran stammende Kulturpflanze. Im Portugiesischen heißt sie ‚marmelo', wovon unser Wort für Marmelade abgeleitet ist. Aber sie ist in Vergessenheit geraten.

In ihrer Form ähneln die Quitten Birnen (Birnenquitte) oder aber Äpfeln (Apfelquitte). Sie enthalten viel Vitamin C und zahlreiche der Gesundheit förderliche Stoffe. Hildegard von Bingen schreibt über die Quitte: „Gekocht oder gebraten ist sie dem Kranken und dem Gesunden sehr bekömmlich. Denn wer gichtkrank ist, esse oft diese Frucht gekocht oder gebraten, und sie unterdrückt die Gicht in ihm so, dass diese weder seine Sinne abstumpft, noch seine Glieder bricht, noch sie

169

hilflos lässt." Die Quitte soll u.a. bei Rheuma, Bronchitis und Darmerkrankungen helfen. Selbstverständlich gehörte die Quitte zum festen Bestand in Goethes Gärten. Ob sie wieder zu Ehren kommt?

Zutaten:
1 kg Quitten
1 Ingwerknolle
½ kg Gelierzucker
Wasser

Zubereitung:
Quitten waschen, den äußeren Flaum mit einer harten Bürste entfernen, ungeschält zerschneiden und entkernen. Mit dem klein geschnittenen Ingwer in einen Topf geben, mit Wasser bedecken, ca. 2 Stunden weich köcheln. Für das Einkochen evtl. ein Dampfsieb benutzen. Über Nacht ziehen lassen, durch ein Tuch oder Sieb passieren, Gelierzucker hinzufügen, 5 Minuten kochen lassen, eventuell noch Gelierzucker hinzugeben, mit Honig abschmecken. In heiße Gläser füllen, verschließen, Gläser mit dem Deckel nach unten abkühlen lassen.

Goethes Großmutter hat den Quittensaft (ohne Zucker) übrigens etwas anders hergestellt. Sie gibt in ihrem Kochbuch an: „Erstlich werden die Quitten gerieben, der saft außgebrest, undt über nacht auffgehoben, Welchen man folgenden Tag durch ein Tuch lauteren [läutern/reinigen] undt Lauffen, hernach biß auff daß 3te theil ein sieden löst, womit der saft gemacht ist."

Blaubeeren-Creme-Dessert

Blaubeeren

Blaubeeren (Heidelbeeren) findet man im August im Wald, vor allem in der Nähe oder am Rand von Lichtungen. Sie schmecken lecker und sind sehr gesund, u.a. für die Augen. So haben z. B. Piloten vor Nachtflügen Blaubeeren zu sich genommen, um besser sehen zu können. Mit Blaubeeren kann man ein leckeres Dessert zubereiten.

Zutaten:

300 ml Milch

300 g Blaubeeren

1 Tüte Cremepulver mit Vanille-Geschmack

250 g Quark

½ Becher Schlagsahne

1 Schokoladenriegel (zartbitter)

Zubereitung:

Die kalte Milch in einen Rührbecher geben, Cremepulver hinzufügen, mit Rührstab cremig aufschlagen. Quark einrühren. In einem Becher abwechselnd Creme und Blaubeeren schichten. Die abschließende Cremeschicht oben mit einem Sahnehäubchen versehen, Schokolade darüber raspeln, mit einem Amarettiplätzchen und einem Blatt Zitronenmelisse garnieren. Der Rand des Bechers (Glases) kann mit Blaubeeren ausgelegt werden.

172

Kaktusfeigen-Mousse

Kaktusfeigen

Die Kaktusfeige mit ihrem erfrischenden süß-säuerlichen Geschmack, erinnert etwas an Melone, kommt z.B. in Italien und Spanien vor. Verzehrt wird nur das Innere der Frucht. Ursprünglich stammt die Kaktusfeige aus Mexiko. Spanische und portugiesische Seefahrer brachten sie nach Europa. Bei der Verarbeitung der Früchte sollte man sie mit Handschuhen oder einem Küchentuch halten. Die feinen Härchen, die sich noch auf der Schale befinden können und kaum sichtbar sind, zwicken die Haut. Man muss die Kaktusfeigen schälen bzw. die Haut abziehen. Einfacher aber ist es, sie in zwei Hälften zu schneiden und das Fruchtfleisch mit einem Teelöffel heraus zu heben. Kaktusfeigen, wenn man sie nicht selber in Spanien oder Italien sammelt, kann man in türkischen Läden kaufen. Gelagert werden sie am besten im Kühlschrank zwischen 0 und 4° C.

Zutaten:
3 Kaktusfeigen
Eiweiß von 2 Eiern
1 Becher Sahne
1 EL brauner Zucker
Kakaopulver
Amaretti-Plätzchen
Waldmeister-Rosette

Zubereitung:
Kaktusfeigen halbieren, Fruchtfleisch herausheben, mit Gabel durch ein Haarsieb in eine Schüssel pressen, so dass die Kerne zurückbleiben und verworfen werden können. In einer zweiten Schüssel Sahne mit Zucker steif schlagen. In einer dritten Schüssel Eiweiß steif schlagen. Nun alles vorsichtig vermischen. Mindestens eine Stunde kaltstellen. Zum Servieren mit Kakaopulver bestreuen, mit Amaretti-Plätzchen und einer Waldmeister-Rosette garnieren.

Mispel-Marmelade

Mispel

Zweifellos kannte Goethe die Mispel. Im Baumgarten vor dem Eschenheimer Tor seiner Frankfurter Eltern – sie hatten drei Gärten - gab es sie neben Äpfeln, Birnen, Zwetschgen, Walnuß, Mandeln, schwarzen und weißen Maulbeeren. Die Mispel war früher als Obstbaum weit verbreitet. Sie enthält viel Vitamin C. Heute ist die süßsäuerlich, herbe Frucht ziemlich in Vergessenheit geraten. Nur in Spanien, insbesondere in Sayalonga bei Málaga, wird sie in Plantagen als Nispero-Mispel angebaut. Medizinisch spielte sie früher eine Rolle wegen ihrer adstringierenden und harntreibenden Wirkung. Ich habe die Mispeln für die Marmelade in Andernach gefunden, wo es das Konzept „essbare Stadt" gibt. Wie die Schlehen erntet man die Mispel am besten nach dem ersten Frost. Dann sind sie butterweich. Pflückt man sie vorher (Erntezeit im Herbst; warten, bis dunkle Flecken auf der Schale entstehen), sollte man sie zwei Tage in der Tiefkühltruhe lagern. Durch den Frost werden die adstringierenden Gerbstoffe abgebaut. Ob der Prozess erfolgreich war, erkennt man daran, dass die Mispel nach dem Auftauen weicher geworden ist und eine süße, klebrige Flüssigkeit absondert. Lagerfähig ist die rostbraune Mispel nur für höchstens zwei Wochen. Die Verarbeitung ist etwas aufwendig, lohnt sich aber wegen der individuellen, süß-sauren Geschmacksnote. Eine Delikatesse! Für die Marmelade werden die Mispeln mit Gelierzucker im Verhältnis 2:1 gekocht. Die Marmelade kann man mit Zitronensaft, Zimt, Vanille und einem Schuss Rum verfeinern.

Zutaten:
400 g Mispeln
200 g Gelierzucker
Saft einer halben Zitrone
Zimt, Vanille, Schuss Rum

Zubereitung:
Weiche Mispeln waschen, schälen, entkernen; pürieren. Zitronensaft, Zimt, etwas Vanille und einen Schuss Rum zugeben, mit dem Gelierzucker aufkochen; in Gläser füllen.

Kornelkirschen-Marmelade

Kornelkirschen

Als Grundstücksgrenze hatte Goethe bei seinem Gartenhaus eine Kornelkirschen-Hecke. Aus der Kornelkirsche, die auch als Olive des Nordens bezeichnet wird, kann man z.B. leckere Marmeladen oder auch Liköre herstellen. Goethe diente die Hecke vielleicht noch einem anderen Zweck. Die Hecken wurden dem Volksglauben nach auch als Atropäum, zur Abwehr böser Geister eingesetzt. Die ovalen Kirschen werden im Spätsommer geerntet. Man rüttelt am Baum oder auch Strauch. Die reifen Kirschen regnen herab. Für das Sammeln sollte man sich unbedingt auskennen. Es gibt auch ähnlich aussehende rote Früchte, die giftig sind wie z.B. die roten Beeren der Eibe oder des

Bocksdorns. Als Winterblüher ist die Kornelkirsche wegen ihrer leuchtend gelben Blüten vor allem in Parkanlagen beliebt. Ursprünglich kommt sie aus dem östlichen Südeuropa. Die Kirschen enthalten reichlich Vitamin C.

Für eine Marmelade wäscht man die roten bis dunkelroten Früchte, entkernt sie, kocht sie wie auch andere Marmeladen mit Gelierzucker ein. Hinzugeben kann man noch etwas Ingwer, Zimt und Zitronensaft.

Brombeer-Mascarpone mit Eierlikör

die guten, allbekannten Brombeeren

Garten- und Grundstücksbesitzern ist das wuchernde Gestrüpp ein Dorn im Auge. Dabei ist aber gerade die Brombeere als Genuss- und

Heilmittel von unschätzbarem Wert. Sie gehört unbedingt in Gottes Apotheke. Die Beeren wie auch die Blätter. Ein Loblied darauf kann man in Hildegards ‚Physika‘ nachlesen. Der Brombeerstrauch, der zu den Rosengewächsen gehört, ist ein Alleskönner. Die Beeren enthalten viele Vitamine (u.a. C, A, E und B), haben einen hohen Magnesium- und Eisengehalt, dann Spurenelemente und Antioxidantien, die den Körper vor freien Radikalen schützen. Die Heilwirkung wird als blutreinigend und entzündungshemmend beschrieben. Die Blätter werden für Tees eingesetzt. Der wunderbare Geschmack der Beeren ist bekannt. Ich setze sie ein für ein Dessert. Am liebsten arbeite ich mit Mascarpone, diesem zarten, geschmeidigen italienischen Weichkäse, der auch die Grundlage für Tiramisu ist. Das folgende Dessert ist keins für Kinder, obgleich Goethe das etwas anders gesehen hätte (siehe Kapitel „Des Weinstocks herrliche Gaben").

Zutaten:
100 g italienische Löffelbiskuits
200 g Mascarpone
2 Eier
300 g reife Brombeeren (man kann auch ein halbes Glas Brombeermarmelade nehmen)
Eierlikör
1 Riegel Schokolade (zartbitter)
Blätter von Minze oder Zitronenmelisse

Zubereitung:

Brombeeren pürieren; Eigelb und Eiweiß trennen, Eiweiß schaumig schlagen, Mascarpone mit dem Eigelb und den pürierten Brombeeren verrühren, steif geschlagenen Eischnee vorsichtig daruntermischen. Auflaufform mit Löffelbiskuits bedecken, Biskuits mit Eierlikör übergießen. Nun die Mascarponemischung aufschichten. Schokolade darüber raspeln, mit Minze oder Blättern von Zitronenmelisse garnieren. Ein paar Stunden im Kühlschrank ruhen lassen. Wer dieses Dessert etwas süßer mag, kann zur Mascarpone-Mischung noch Zucker geben.

Schlehenfeuer

Schlehdorn

Die Waldsäume oberhalb von Bad Breisig, wo ich wohne, von Schlehenhecken gesäumt sind. Die Hecken sind stachelig, nicht ganz so wie bei Brombeersträuchern. Zwischen den Stacheln wachsen schöne dunkelblaue bis schwarze Beeren, die man entweder nach dem ersten Frost erntet oder aber im Oktober. Mit dem Abwarten des Frostes kann man Pech haben, denn die Beeren sind bei Vögeln sehr beliebt und der Strauch ist dann leer. Also Ernte im Oktober und dann ab in die Tiefkühltruhe für ein paar Tage, in denen die bitter schmeckenden Inhaltsstoffe abgebaut werden. Die Beeren sind ein altes Nahrungs- und Heilmittel. Schon der Ötzi hat sie als Reiseproviant mit sich geführt. Heutzutage wird jedoch eher Likör daraus hergestellt, den man auch Schlehenfeuer nennt.

Die Blüten des Schlehdorns, er blüht im März und April, werden für Tees verwendet. Sie sollen nach Hildegard von Bingen und Pfarrer Kneipp u.a. entschlacken und auch bei Frühjahrsmüdigkeit und Husten helfen. Ich produziere dieses Mal lieber einen leckeren Likör. Die Herstellung ist simpel.

Zutaten:
250 g Schlehen
250 g Rohrzucker
1 Zimtstange
1 Flasche Wodka

Zubereitung:

Die im Oktober geernteten Schlehen werden gewaschen, getrocknet und kommen dann für ein paar Tage in die Tiefkühltruhe. Die gefrorenen Beeren werden mitsamt dem Zucker und der Zimtstange in eine bauchige Flasche gegeben und mit dem Wodka übergossen. Flasche verschließen, 6-8 Wochen bei Zimmertemperatur stehen lassen. Danach durch Kaffeefilter gießen. Fertig ist der Likör, den man dann kühl lagert.

Der Kern der Schlehe enthält einen cyanogenen Stoff (Amygdalin), allerdings viel weniger als etwa der Aprikosenkern oder die Bittermandel. Kinder sollten daher keine Schlehdornbeeren inklusive Kern verzehren. Für Erwachsene ist es eher unbedenklich. Bei der Likörherstellung geht auch nicht die gesamte Menge an Amygdalin in den Alkohol über. Außerdem wird man ja auch nicht die ganze Flasche in einem Zug leeren.

Wer es etwas aufwendiger liebt, kann auch einen edlen Brand aus Schlehen herstellen. Dazu wird eine Maische aus Schlehen und Zucker produziert. Nährsalze und Hefe (kann man im Internet bestellen) kommen hinzu, am besten Portwein- oder Sherryhefe, denn die schaffen einen höheren Alkoholgehalt als die normale Hefe. Man lässt die Maische gären (Gefäß mit Gärröhrchen verschließen, damit Kohlendioxid entweichen und kein Luftsauerstoff hinzutreten kann). Die anschließende Destillation ist allerdings ein spezielles Kapitel, für das man technisch und wissensmäßig ausgerüstet sein muss. Man braucht dazu nicht unbedingt ein Chemiestudium, es schadet aber auch nicht. Als Geräte dienen ein Heizpilz, ein 1 l (mindestens) Glasrundkolben mit Schliff, eine Liebigbrücke zum Kühlen, Schläuche für das Kühlwasser, ein Schliffthermometer, eine Spinne mit kleineren Schliffkolben, um die einzelnen Fraktionen des Destillates abzufangen. Es ist ein Spezialkapitel, macht aber Spaß. Ich habe das einige Male mit Melissenblättern ausprobiert, weil der Melissengeist in der Apotheke so teuer ist. Und dann auch mit Brombeeren und Schlehen. Alles sehr edle Brände. Vor simplen technischen Lösungen, was die Apparatur betrifft, warne ich. Es ist nicht schön, wenn in der Küche das Destillationsgefäß gefüllt mit gegorenen Brombeeren oder auch Holunder explodiert. So sollte eine kulinarische Expedition nicht enden.

Leckeres mit Esskastanien

Esskastanie oder auch Edelkastanie

Sizilien hat Goethe bei seiner italienischen Reise besonders gefallen. Wahrscheinlich hat er am Ätna auch den größten und ältesten Kastanienbaum Europas gesehen. Es ist der ‚Castagno dei Cento Cavalli', der ‚Kastanienbaum der hundert Pferde' auf Sizilien. Bis zu tausend Jahre oder mehr kann die Esskastanie, die ‚Castanea sativa' werden. Gemocht hat der Weimarer Esskastanien auf jeden Fall. Von seiner Mutter ließ er sich aus Frankfurt jedes Jahr eine Kiste schicken. Zugleich bekamen die Kastanien auch eine symbolische Bedeutung. Im Buch ‚Suleika' aus dem ‚West-östlichen Divan' hat er sie in einem Gedicht verewigt. „An vollen Büschelzweigen, Geliebte, sieh nur hin! Laß dir die Früchte zeigen, umschalet stachlig grün."

Es ist der Sommer 1815. Goethe reist an den Main, ist Gast bei dem Bankier Johann Jakob von Willemer. Willemer ist in dritter Ehe mit einer Wiener Tänzerin und Schauspielerin verheiratet, die er, da war sie 14, als Pflegetochter in sein Haus geholt hatte. Es muss eine attraktive Frau gewesen sein. Brentano, bei dem sie Gitarrenunterricht hatte, verliebt sich in sie. Es erwischt auch den Dichter Zacharias Werner. Und dann eben Goethe. Er ist 66, sie 31. Er arbeitet an den Gedichten des ‚West-östlichen Divan'. Marianne steuert einige Gedichte bei. Sie ist die erste und bleibt die einzige Frau, von der er etwas in sein eigenes Werk aufnimmt. Sie verlieben sich ineinander. Bei den Spaziergängen stecken sie sich durch Zahlen chiffrierte Zeilen zu. Es bleibt wahrscheinlich bei einer platonischen Liebe. Beide schweigen beharrlich darüber. Am 12. August war Goethe angekommen. Am 26. September reißt er sich los. Die Konflikte waren wohl zu groß. In Weimar wartete Christiane. Sein Gastgeber wird die neue Zuneigung seiner Frau nicht ohne Kränkung hingenommen haben. Marianne von Willemer verfällt nach dem Abschied in eine tiefe Depression. Das Gedicht „An vollen Büschelzweigen" ist also kein Naturgedicht und auch kein kulinarischer Lobpreis. Die Edelkastanie setzt Goethe ‚nur' symbolisch ein. So wie zur gleichen Zeit auch das Blatt des Gingkobaumes als Zeichen für die Einheit in der Zweiheit.

Doch vom Symbolischen wieder zum sinnlich Kulinarischen. Die Esskastanie oder auch Edelkastanie oder Marone ist in Deutschland anscheinend selten geworden. Gekochte Maronen und Maronenmehl findet man kaum in den Supermärkten. Vielleicht hat man im Herbst mehr Glück und entdeckt im Angebot die essbaren Kastanien. Im Breisiger Ländchen kenne ich einige versteckte Stellen, wo es die Castanea sativa noch gibt. Von der ungenießbaren Rosskastanie sind die Bäume anhand der einzeln stehenden länglich ovalen Blätter leicht zu unterscheiden. Auch haben sie im Gegensatz zur Rosskastanie eine eher wuschelige Stachelschale. Ist die entfernt, zeigt sich an der Kastanie selbst ein kleiner Borstenzipfel. Daran lässt sie sich am besten erkennen. Die Edelkastanie ist nicht nur Nahrungsmittel. Hildegard von Bingen preist ihre Heilwirkung, schreibt in der ‚Physika': „Der Kastanienbaum ist sehr warm und hat auf Grund seiner Wärme eine große Kraft (...) und auch seine Frucht ist nützlich gegen jede Schwäche, die im Menschen ist." In den Kastanien sah sie Kräfte, die dem Gehirn förderlich sein sollen. Bei Schwäche und Gicht sollen sie helfen und bei Trauer wieder fröhlich machen. Da sie basisch sind, helfen sie gegen Übersäuerung und sollen auch die

Cholesterinwerte senken. Aus den Blättern wird in der Volksmedizin Tee zubereitet. Er soll antibiotisch und antioxidativ wirken. Also genug Gründe, der Esskastanie einen besonderen Platz einzuräumen. Sie ist vielseitig verwendbar. Für Maronensuppen, als Mehl zum Brot- und Kuchenbacken, als Püree, als Beilage vor allem zu Wildgerichten und vieles, vieles mehr. Wer im Herbst nicht selbst Maronen sammelt, findet im Internet Bezugsquellen für gekochte Maronen oder auch lange haltbares Maronenmehl.

Um länger etwas von den Esskastanien zu haben, z.B. um auch in den anderen Jahreszeiten Suppen oder Kuchen herzustellen, verarbeite ich sie zu lagerfähigem Mehl. Dazu lassen ich sie zunächst ein paar Tage an der Luft trocknen. Sie werden danach geschält, von ihrer pelzigen Innenhaut befreit, zerkleinert und etwa 5 Stunden im Backofen bei 100° C getrocknet. Nun kann man sie in der Getreide- oder auch Kaffeemühle zu feinem Mehl zermahlen. Die Maronenstücke müssen aber wirklich rappeltrocken sein, damit sie die Mühle nicht verkleben. Das Mehl ist luftdicht abgeschlossen und im Kühlschrank aufbewahrt über das ganze Jahr hin bis zur nächsten Ernte haltbar.

Für eine Suppe aus Maronenmehl richte ich zunächst mit Butter eine Maronenschwitze (wie die übliche Mehlschwitze) an (2 El Butter, 2 EL Maronenmehl; für 2 Portionen). Gibt man das Maronenmehl in heiße Brühe oder heißes Wasser, bildet es Klumpen! Zu der Maronenschwitze gieße ich dann selbst hergestellte heiße Gemüsebrühe aus Sellerie, Lauch und Möhren (das Gemüse wird vor dem Zugeben der Brühe entfernt), lasse alles etwa 20 Minuten unter Rühren mit dem Schneebesen köcheln und verfeinern mit Sahne, Zimt, Muskat und schmecke mit Salz und Pfeffer ab. Die Maronen haben einen süß-nussigen Geschmack. Wer die Süße noch verstärken will, kann zum Schluss noch etwas braunen Zucker oder Honig hinzugeben. Serviert wird die Maronensuppe mit einem Häubchen Crème fraîche. Die Suppe kann man mit vielen Geschmacksnuancen versehen. Wichtig ist jedoch, den köstlichen Maronengeschmack nicht mit Brühe zu-zuschütten oder tot zu würzen. Liebhaber festlicher Wintersuppen können noch einen Schuss Rum hinzufügen.

Einen leckeren Kuchen backe ich, indem ich aus dem Mehl einen Teig herstelle. Das Kastanienmehl (ca. 300 g) wird mit 500 ml kaltem Wasser zu einem Teig vermischt. Eine Prise Salz kommt hinzu, 2 EL Olivenöl und eine Handvoll in lauwarmen Wasser zuvor eingeweichte Rosinen. Der Teig kommt in eine eingefettete Backform, wird mit Mandel-splittern bedeckt, etwas Olivenöl darüber verteilt und wird nun für eine halbe Stunde bei 200 Grad im vorgeheizten Ofen gebacken.

Mit den Kastanien lässt sich auch Kartoffelpüree verfeinern oder ein reines Maronenpüree herstellen. Das funktioniert im Prinzip genauso, wie man Kartoffelpüree macht.

Köstlich ist auch ein Reisrisotto mit Maroni und Steinpilzen. Hat man keine Steinpilze zur Hand, lassen sich genauso gut auch braune Champignons nehmen. Die Kastanien werden in leicht gesalzenem Wasser gar gekocht. In einer Pfanne dünstet man in Olivenöl klein geschnittene Frühlingszwiebeln und Lauch an, gibt die Maronis hinzu und eine Handvoll Rosinen und dann den zwischenzeitlich gekochten Reis. Mit Salz und Pfeffer wird abgeschmeckt.

Kürbis-Reibekuchen

Herbstzeit ist auch Kürbiszeit. Mit dem Kürbis kann man nicht nur wunderbar schmeckende Suppen kochen, sondern auch leckere Reibekuchen herstellen. Serviert werden können sie mit einem selbst hergestellten Mus aus Äpfeln, Pflaumen oder Birnen. Die Herstellung der Kürbis-Reibekuchen funktioniert im Prinzip wie die der Kartoffelpuffer. Man nimmt einen Hokkaido-Kürbis. Die Schale, wenn der Kürbis für eine Suppe verwendet und weichgekocht wird, kann man mitessen. Für die Puffer empfiehlt es sich jedoch, ihn zu schälen.

Goethe selbst hat den Hokkaido-Kürbis nicht gekannt. Der wurde erst 1990 nach Europa eingeführt. Der Weimarer hatte andere Kürbisse in seinen Gärten, z.B. den Pomeranzenkürbis, den er nicht nur kulinarisch verwertete, sondern auch als Kunstobjekt zum Malen und Zeichnen betrachtete. In seinen jungen Jahren war er unentschlossen, ob er sich der Dichtkunst oder der Malerei zuwenden sollte. Zeit seines Lebens hat er aber auch mit großem Talent gezeichnet. Zu dem Kürbis schreibt Goethe in einem Brief an seinen Malerfreund Heinrich Meyer: „Es ist mir ein kleiner Pomeranzen Kürbis zukommen, welcher monströs ist und wohl verdient gezeichnet und mit den natürlichen Farben illuminiert zu werden. Das Interessante daran ist freilich sehr zart, und müsste sehr genau nachgeahmt werden." (20.9.1811)

Ihren Höhepunkt hat die Kürbissaison im September und Oktober, geht aber auch bis in den Winter zum ersten Frost hinein. Neben dem Butter- und Muskatkürbis ist der Hokkaido mit seinem süß-nussigen Geschmack wohl der beliebteste. Er zeichnet sich aus durch seinen Reichtum an Vitaminen, Kalium und Zink und vor allem an Carotin, auch Provitamin A genannt.

Zutaten:
500 g Kürbis
1 Zwiebel
2 Eier
3 EL Mehl
Salz, Pfeffer

Zubereitung:
Kürbis zerteilen, entkernen, schälen. Raspeln, salzen, pfeffern. Mit den Eiern und dem Mehl zu einem Teig verquirlen. Olivenöl in Pfanne heiß werden lassen, Teigmasse in Form kleiner Puffer zugeben, von beiden Seiten goldgelb braten lassen. Heiß servieren mit selbst hergestelltem Mus.

Literatur

Goethe: „Dichtung und Wahrheit", Goethes Werke in sechs Bänden, Bd. 5, Leipzig 1909

Goethe: „Italienische Reise" – Mit Zeichnungen des Autors, hrsg. von Christoph Michel, Frankfurt a.M./Leipzig 1976

Goethe: „Vermischte Schriften", ausgewählt von Emil Staiger, Frankfurt a.M./Leipzig 1993

*

Roberto Zapperi: „Das Inkognito – Goethes ganz andere Existenz in Rom", München 1999

Hans Gerhard Gräf (Hrsg.): „Goethes Ehe in Briefen", Frankfurt a.M./Leipzig 1994

Sigrid Damm: „Christiane und Goethe", Berlin 2015

Sigrid Damm: „Cornelia Goethe", Frankfurt/Main 1988

Ahrendt/Aepfler: „Goethes Gärten in Weimar", Leipzig 1994

*

„Anna Margaretha Justina Lindheimerin – Das
Kochbuch von Goethes Großmutter", hrsg.
von Manfred Lemmer, Frankfurt a.M. 1980,
Faksimile des handschriftlichen Kochbuchs
von 1724 (Original im Goethe-Schiller-Archiv
in Weimar)

Bernd Klasen: „Das Kochbuch von Goethes
lustiger Tante Melber – Rezepte aus der
Frankfurter Altstadt", Rödermark 2009

*

„Omas Lexikon der Kräuter und
Heilpflanzen", hrsg. vom Weltbild Buchverlag,
6. Aufl., Augsburg 2006

Andrea Rausch, Brigitte Lotz: „Dumonts
kleines Kräuterlexikon", Eggolsheim (ohne
Jahreszahl)

Frank Wittig: „Die weiße Mafia – Wie Ärzte
und die Pharmaindustrie unsere Gesundheit
aufs Spiel setzen", München 2015

Rühlemann's Katalog der Kräuter und
Duftpflanzen 2017 (ein excellenter,
umfangreicher Katalog mit ca. 1000 Kräutern
und Duftpflanzen): www.kraeuter-und-
duftpflanzen.de

Veröffentlichung von Romanen und Erzählungen. Publikationen zum Jakobsweg und auch anderen Pilgerwegen u.a. ‚Via Hildegardis'. 1996 Förderpreis zum Literaturpreis Ruhrgebiet. 2000 erschien im Leipziger Militzke-Verlag mit ‚Pandoras Schatten' der erste Roman.

Website: www.ruediger-schneider.net

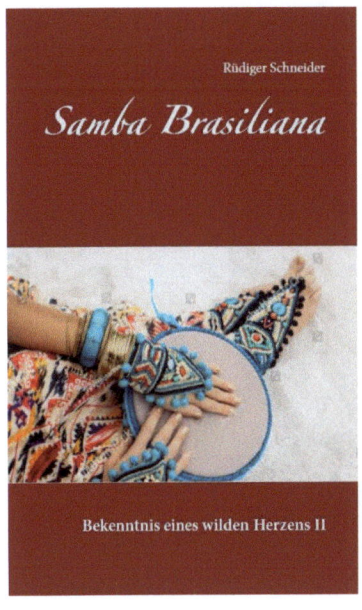

Samba Brasiliana – Bekenntnis eines wilden
Herzens II, 64 S., ISBN 9783752611595,
erschienen Oktober 2020

Josef Schrödinger ist verzweifelt. Bei dem
Versuch eine ménage à trois zu installieren,
hat er beide Frauen verloren. Doch bevor er
sich dem Portwein hingibt, erscheint der
rettende Engel buchstäblich aus den Wolken.
Mit ihrer Cessna 400 kommt seine
brasilianische Freundin von Porto Alegre und
landet beim Aeroclub Mönchengladbach.

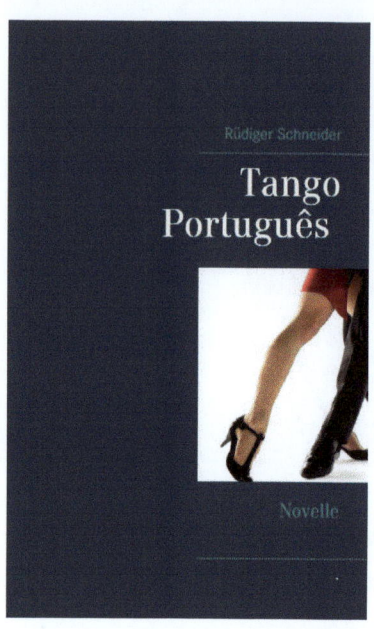

,Tango Português – Novelle', 84 S. ISBN
9783753479521

Mit einer List entflieht der Erzähler der
kollektiven Angststörung, die über
Deutschland liegt. Er durchbricht das
touristische Reiseverbot, fliegt nach Sevilla,
fährt weiter in das spanische Sanlúcar de
Guadiana, um dort mit dem Philosophen
Arnold Waidenhammer über den virtuellen
und digitalen Wahnsinn zu sprechen. Aber
dann passiert darüber hinaus auf
Waidenhammers Finca am Guadiana, dem
Grenzfluss zwischen Portugal und Spanien,
noch etwas ganz anderes.